AF446607

अमीर

बनने के

मूल सिद्धांत

अमीर बनने की गणित और

सिस्टम को समझें

कार्तिक राठौर

Copyright © 2025 Kartik Rathore

All Rights Reserved.

This book has been self-published with all reasonable efforts taken to make the material error-free by the author. No part of this book shall be used, reproduced in any manner whatsoever without written permission from the author, except in the case of brief quotations embodied in critical articles and reviews.

The Author of this book is solely responsible and liable for its content including but not limited to the views, representations, descriptions, statements, information, opinions and references ["Content"]. The Content of this book shall not constitute or be construed or deemed to reflect the opinion or expression of the Publisher or Editor. Neither the Publisher nor Editor endorse or approve the Content of this book or guarantee the reliability, accuracy or completeness of the Content published herein and do not make any representations or warranties of any kind, express or implied, including but not limited to the implied warranties of merchantability, fitness for a particular purpose. The Publisher and Editor shall not be liable whatsoever for any errors, omissions, whether such errors or omissions result from negligence, accident, or any other cause or claims for loss or damages of any kind, including without limitation, indirect or consequential loss or damage arising out of use, inability to use, or about the reliability, accuracy or sufficiency of the information contained in this book.

Made with ❤ on the Notion Press Platform

www.notionpress.com

सभी वैज्ञानिकों, आविष्कारकों और नवाचारकों (Innovators) को
समर्पित

विषय-सूची

प्रस्तावना — vii

1. नौकरी किस तरह आप को मध्यमवर्गीय रखती है? — 1

2. अमीरों की आय समीकरण — 10

3. लोग अमीर कैसे बनते हैं? — 26

4. आविष्कार करें और अमीर बन जाए — 39

5. असमानुपाती आय के स्रोत — 74

6. अमीर बनने का रास्ता — 100

7. अमीर बनने के लिये शिक्षा — 122

8. भारत अमीर कैसे बनेगा? — 132

प्रस्तावना

यह किताब निम्नलिखित प्रश्नों के उत्तर की खोज का परिणाम है –

1. कुछ लोग दूसरों से ज़्यादा अमीर क्यों होते हैं ?

2. अगर कठिन परिश्रम ही उत्तर है तो श्रमिक वर्ग के लोग 10 से 12 घंटे प्रतिदिन काम करने के बावजूद भी अमीर क्यों नहीं बन रहे?

3. अमीर कैसे बने ?

4. पैसे के बारे में वे क्या बातें है जो अमीर लोग जानते हैं परंतु गरीब और मध्यमवर्गीय नहीं?

5. अमीरों के लिए कौन सा सिस्टम काम करता है जो उन्हें अमीर बनाता है?

मैंने इन सवालों के जवाब ढूँढने की कोशिश की और मुझे सबसे मौलिक विज्ञान (Fundamental Science) यानी गणित में जवाब मिला।

एक स्पष्ट गणित है जिसे मैंने आय समीकरण (Income Equation) कहा है, जो निर्धारित करती है कि कौन अमीर होगा और कौन गरीब और मध्यमवर्गीय होगा।

आखिरकार धन संपत्ति को एक संख्या से मापा जा सकता है। अर्थात आप किसी की धन संपत्ति को एक संख्या से दर्शा सकते है, कि फलाना के पास इतना पैसा है। अगर यह एक संख्या है तो गणित के

सारे नियम इसके ऊपर लागू होते है ।

और मैं चक्रवर्ती ब्याज की बात नहीं कर रहा हूँ, आजकल सभी को चक्रवर्ती ब्याज के बारे में मालूम है । मैंने उससे भी ज्यादा बुनियादी गणित और कारणों की चर्चा करी है जिनके बारे में अधिकतम लोग नहीं जानते और ना ही बात करते है ।

यह किताब गणित की सहायता से यह साबित करती है कि एक नौकरी किस तरह से लोगों को मिडिल क्लास रखती है । हमने गणित की सहायता से यह भी साबित किया है कि उद्यम (Entrepreneurship) ही अमीर बनने के लिए रास्ता है ।

इस पुस्तक में मैंने समानुपाती एवं असमानुपाती आय के स्रोतों की चर्चा करी है, धन संपत्ति के बारे में यह ज्ञान इतना मौलिक (Fundamental) है कि इसे स्कूलों में पढ़ाया जाना चाहिये ।

इसके अलावा मैंने यह भी समझाया है कि यूट्यूब और इंस्टाग्राम के इनफ्लुएंसर अच्छे खासे पढ़े लिखे प्रोफेशनल्स से ज्यादा पैसे कैसे कमा रहे हैं।

इस किताब का लक्ष्य समृद्ध बनने का एक मार्ग ढूँढना है, वह मार्ग जो दुनिया के कई सारे बिलियनर्स जैसे एलन मस्क और मार्क जुकरबर्ग आदि द्वारा चला गया ।

बाद में मैंने "अमीर बनने के लिए क्या शिक्षा ली जाए" इस बारे में

भी चर्चा करी है ।

पुस्तक की समाप्ति "भारत कैसे अमीर बनेगा " इस पाठ के साथ होती है ।

इस पुस्तक को पढ़ने के बाद अमीर बनने के लिए आपको परिश्रम तो करना पड़ेगा परंतु आपको बेहतर आइडिया होगा कि हमें किन चीजों पर काम करने की जरूरत है ।

इस किताब की टाइपिंग वॉइस टाइपिंग से की गयी है, इसलिये वर्तनी अशुद्धियों के लिये अग्रिम क्षमा 🙏

शुभकामनाओं सहित
कार्तिक
26/1/2025

1

नौकरी किस तरह आपको मध्यमवर्गीय रखती है ?

किसी अन्य की कंपनी में नौकरी करने के अपने फायदे हैं, हर महीने मिलने वाली तनख्वाह की निश्चिंतता, तनाव को कम रखती है । और शायद इसी वजह से अधिकतम लोग भारत जैसे देश में नौकरी, वह भी खासतौर से, सरकारी, की चाह रखते हैं ।

इस बात को भी झुठलाया नहीं जा सकता कि भारत में जहाँ अभी भी बहुत सारी जनसंख्या गरीब एवं मध्यमवर्गीय है तथा गाँव में रहती है और कृषि एवं मजदूरी करती है । कृषि एवं मजदूरी ऐसे कार्य है जहाँ आय कि निश्चिंतता नहीं होती है । साथ ही नौकरी में कृषि जैसा शारीरिक परिश्रम भी नहीं करना होता है । इसके अलावा नौकरी करके एक व्यक्ति अपने आसपास रहने वाले लोगों से तुलनात्मक रूप से अमीर भी हो जाता है और इसी वजह से भारत में अधिकतम लोग नौकरी को कृषि से बेहतर विकल्प मानने लगे हैं ।

और यही हाल भारत के शहरी मध्यमवर्गीय परिवारों का भी है, जो व्यापार का जोखिम नहीं लेना चाहते और हर महीने एक निश्चित तनख्वाह पाना चाहते हैं, उनके लिए भी नौकरियाँ एक लुभावना आय का स्रोत है ।

और इस बात में भी कोई दो राय नहीं है कि कुछ विशेष नौकरियाँ करने वाले लोग जैसे कि सॉफ्टवेयर इंजीनियर्स और मैनेजर्स आदि, काफी अच्छी तनख्वाह पाते भी हैं।

लेकिन जहाँ तक अमीर बनने की बात है, नौकरी के अपने नुकसान भी हैं। और इन्हीं नुकसानों की वजह से एक नौकरी करने वाला व्यक्ति रोज 10 से 12 घंटे काम करने के बावजूद भी मध्यवर्गीय ही रह जाता है।

आपने यह बात आज से पहले भी किसी और से सुनी भी हो।

"नौकरी करके कोई अमीर नहीं बन सकता उसके लिए तो बिजनेस ही करना पड़ता है।"

यह बात शत प्रतिशत सही है और इस पाठ में हम आसान सी गणित के माध्यम से समझेंगे की यह बात इतनी सही कैसे है ?

तो नौकरी के अंदर ऐसी क्या कमी है जो एक व्यक्ति को अमीर बनने से रोकती है। उन कारणों को हम विस्तार से समझते है।

लेकिन पहले हम समझ लेते हैं कि कोई व्यक्ति या कंपनी यह कैसे निर्धारित करती है कि एक कर्मचारी को कितनी सैलरी (वेतन) देना है?

वेतनभोगी कर्मचारी (Salaried Employees) की आय समीकरण (Income Equation) इस प्रश्न का जवाब दे सकती है।

कर्मचारी की सैलरी = f(कौशल, समय)

सैलरी $\propto$ कौशल (Skill)

सैलरी $\propto$ समय

आसान शब्दों में कहे तो, किसी भी व्यक्ति की सैलरी/आय दो चीजों पर निर्भर करती है।

पहली चीज है, उस व्यक्ति का **कौशल (स्किल)**।
यानी कि वह व्यक्ति कितनी बड़ी समस्याओं का समाधान निकाल सकता है। उदाहरण के तौर पर, एक डॉक्टर की आय अधिक होगी एक नर्स से। क्योंकि एक डॉक्टर एक नर्स से ज्यादा बड़ी समस्या को हल करता है। डॉक्टर में भी एक MD (स्पेशलिस्ट) डॉक्टर कि आय अधिक होगी एक MBBS वाले डॉक्टर से।
यह तो हुई पहली चीज।

दूसरी चीज है, **समय**।
आसान शब्दों में कहे तो जितना करोगे काम उतना मिलेगा दाम।
यानी की जितनी देर आपने काम किया उसके अनुपात में आपको आमदनी हो जाएगी। भारत में सामान्यतः आय प्रतिदिन अनुसार या मासिक होती है। तो अगर एक दिन काम करने के ₹400 मिल रहे हैं, और 5 दिन काम किया है, तो ₹2000 मिल जाएंगे। विदेशों में यही गणित प्रति घंटे के हिसाब से लगाया जाता है। जो भी तरीका हो,

सीधी सी बात है जितना ज्यादा समय आप काम करेंगे उतनी ज्यादा आपकी आय होगी ।

वापस लौट के आते हैं अपने प्रमुख प्रश्न पर कि, एक नौकरी में क्या कमियाँ है जो एक व्यक्ति को अमीर बनने से रोकती है ?

जैसा हमने देखा कि, किसी भी कर्मचारी कि आय उसके कौशल और उसने कितनी देर काम किया (समय) पर निर्भर करती है ।

तो चलिए समझते हैं क्या नुकसान है अगर हमारी आय हमारे कौशल और हमारे द्वारा किए गए काम के समय पर निर्भर है तो ?

समय आधारित आय के नुकसान :-

Salaried Employee (वेतनभोगी) वर्ग और स्वरोजगार करने वाले प्रोफेशनल्स यह दो ऐसे समूह है, जिनकी आय उन्होंने कितने समय काम किया इस बात पर निर्भर करती है ।

वेतनभोगी कर्मचारियों से मेरा तात्पर्य उन सभी लोगों से है जो किसी अन्य व्यक्ति की संस्था (कंपनी) आदि में मासिक आय पर काम करते हैं, उदाहरण – सारे सरकारी कर्मचारी, खेतों-फैक्ट्रियों-दुकानों में काम करने वाले मजदूर, किसी अन्य के अस्पताल में काम करने वाले डॉक्टर-नर्स, किसी कंपनी में मासिक वेतन पर काम करने वाले इंजीनियर्स, डिलीवरी बॉय्ज आदि ।

और स्वरोजगार करने वाले प्रोफेशनल्स से मेरा तात्पर्य उन लोगों से है

जो किसी व्यक्ति या कंपनी के लिए तो नहीं काम करते परंतु ऐसा कुछ काम करते हैं जहाँ उनकी आय इस बात पर जरूर निर्भर करती है कि उन्होंने **स्वयं** कितने समय काम किया। उदाहरण के लिए अपनी स्वयं की क्लिनिक चलाने वाले डॉक्टर, वकील, CAs, इलेक्ट्रीशियन, प्लंबर्स, बढ़ाई आदि।

आय अगर इस बात पर निर्भर करती है कि आपने स्वयं कितने समय काम किया, तो इसके नुकसानों को हम एक डॉक्टर का उदाहरण लेकर समझेंगे जिनकी स्वयं की क्लिनिक है।

आसान हिसाब-किताब रखने के लिए मान लेते हैं कि डॉक्टर साहब की फीस ₹100 है। एवं प्रत्येक मरीज पर उन्हें 5-7 मिनट लगते हैं। अर्थात 1 घंटे में वे लगभग 10 मरीजों को देखते हैं, इस हिसाब से डॉक्टर साहब प्रति घंटे के ₹1000 कमाते हैं।

यह भी मान लेते हैं कि डॉक्टर साहब एक दिन में 8 घंटे काम करते हैं, इस हिसाब से एक दिन का ₹8000 कमाएंगे, जो की काफी अच्छी आय है।

तो फिर आपके मन में प्रश्न उठ रहा होगा कि इसमें समस्या कहाँ है ?

समस्याएं हैं। चलिए देखते हैं। अगर डॉक्टर साहब अपनी आय बढ़ाना चाहे तो क्या कर सकते हैं ?

मान लेते हैं मरीजों की कोई कमी नहीं है, एवं डॉक्टर साहब 8 के

बजाय 12 घंटे प्रतिदिन काम करने लग जाते हैं, अब डॉक्टर साहब प्रतिदिन ₹12000 कमाएंगे।

यह आय डॉक्टर साहब को दुनिया के सबसे अमीर 3-4% लोगों में रख देगी। लेकिन अब अगर मैं पूछूं कि डॉक्टर साहब अपनी आय और अधिक बढ़ाने के लिए क्या कर सकते हैं ?

अब वे 16 घंटे काम कर सकते हैं, 20 घंटे काम करने लग सकते हैं, हालाँकि ऐसा संभव है नहीं, लेकिन 2 मिनट के लिए मान भी ले की डॉक्टर साहब 24 घंटे ही काम चालू कर दें।

ऐसा करके डॉक्टर साहब प्रतिदिन ₹24000 कमा सकते हैं। जो 1 दिन के काम के लिए वाकई बहुत बड़ी धनराशि है।

और अगर मैं अब पूछूं क्या डॉक्टर साहब 1 दिन में इससे ज्यादा कमाना चाहे तो क्या वे स्वयं काम करके और अधिक कमा सकते हैं?

उत्तर होगा नहीं।

क्योंकि दिन में अधिकतम घंटों की संख्या सीमित है।
वह प्रकृति द्वारा निर्धारित (Fix) है। एक दिन में 24 घंटे से ज्यादा नहीं हो सकते।

जब एक दिन में 24 से ज्यादा घंटे ही नहीं हो सकते तो कोई भी व्यक्ति 24 घंटे से ज्यादा एक दिन में काम भी नहीं कर सकता। जो की स्वाभाविक है।

यही नुकसान है आय के समय आधारित होने का, **अगर आपकी आय समय आधारित है और क्योंकि एक दिन का समय सीमित है इसी वजह से आपकी एक दिन की आय भी सीमित ही होगी।**

इसमें कोई दो राय नहीं है कि डॉक्टर साहब ने एक दिन में काफी अच्छे रुपये कमाए। लेकिन इस किताब का मुख्य लक्ष्य इस बात पर प्रकाश डालना है कि वेतनभोगी कर्मचारी एवं स्वरोजगार करने वाले प्रोफेशनल्स की एक दिन की आय की एक ऊपरी सीमा होती है, एक दिन में "XYZ" धनराशि से ज्यादा नहीं कमाया जा सकता ।

और यह तो मैंने एक अधिकतम संभव आय एक डॉक्टर के लिए आँकलन करी है, और सामान्यतया कोई भी व्यक्ति प्रतिदिन औसतन अधिकतम 14-15 घंटे से ज्यादा काम नहीं कर सकता ।

और समय की अधिकतम सीमा का नुकसान सिर्फ डॉक्टर तक सीमित नहीं है, यह सभी वेतनभोगी कर्मचारियों और स्वरोजगार करने वाले प्रोफेशनल्स पर भी लागू होता है ।
वेतनभोगी कर्मचारियों के लिए एक दिन की अधिकतम आय उनके एक दिन की तनख्वाह है ।

इस प्रकार के आय के स्रोत जहाँ पर आय समय के अनुपाती होती है, ऐसे आय के स्रोतों को मैंने **समानुपाती आय** के स्रोत कहा है ।

सैलरी $\propto$ समय

अमीर लोगों के पास भी दिन में वहीं 24 घंटे ही होते हैं, लेकिन एक

दिन में की जा सकने वाली कमाई की उनके लिए इस प्रकार की कोई सीमा नहीं होती। साथ ही उनकी आय, उन्होंने स्वयं कितने घंटे काम किया, इस बात पर भी निर्भर नहीं करती है। ऐसा क्यों है, ऐसा कैसे संभव है ? यह हम किताब में आगे समझेंगे।

आय के वह स्रोत जहाँ पर अधिकतम आय की ऐसी कोई सीमा ना हो या फिर यूं कहे कि उस उपरी सीमा को बहुत ऊपर तक ले जाया जा सकता हो ऐसे आय को स्रोतों को मैंने **असमानुपाती आय के स्रोत** कहा है। वह क्या होते है, वे किस तरह से काम करते है ? यह मैंने पाठ –5 (असमानुपाती आय के स्रोत) में विस्तार से समझाया है।

डॉक्टर साहब प्रतिदिन अच्छी आय कमा रहे हैं, वह अच्छा काम करते हैं, उनके लिए मेरे मन में पूरी इज्जत है, परंतु क्योंकि हम यह समझने की कोशिश कर रहे हैं कि वे क्या कारण है, जो किसी अमीर व्यक्ति को अमीर बनाते है और किसी अन्य व्यक्ति को गरीब और मध्यमवर्गीय बनाए रखते है। इसलिए मैं यहाँ आमदनी के समय आधारित होने के नुकसान को बताना चाह रहा हूँ।

अगर आपकी आय भी समय आधारित है तो सतर्क हो जाए। आपके लिये भी प्रतिदिन आय की एक उपरी सीमा है जिससे अधिक एक दिन में नहीं कमाया जा सकता। और इसी वजह से आपके लिए भी एक धनवान व्यक्ति बनना और भी मुश्किल हो जाएगा।

हमने तो डॉक्टर साहब का उदाहरण लिया था लेकिन हमें यह भी जान लेना जरूरी है कि डॉक्टर तो काफी ज्यादा पैसे कमाने वाले लोग हैं।

इसके अलावा सांख्यिकी और कार्यक्रम कार्यान्वयन मंत्रालय (MoSPI), भारत सरकार की एक रिपोर्ट के अनुसार भारत के ग्रामीण क्षेत्रों में रहने वाले लोग (जो की पूरी आबादी का 70% है) प्रतिदिन औसतन सिर्फ ₹300 कमाते।

खैर फिलहाल इतना समझ लेना काफी है कि अगर आपकी आय आपके द्वारा कितने घंटे काम किया गया इस बात पर निर्भर करती है तो आपकी प्रतिदिन की कमाई की एक सीमा है। और इसी सीमा की वजह से एक वेतनभोगी व्यक्ति या स्वरोजगार करने वाला प्रोफेशनल व्यक्ति मध्यमवर्गीय ही रह जाता है।

सारांश

✦ हमने समझा की वेतनभोगी कर्मचारियों एवं स्वरोजगार करने वाले प्रोफेशनल्स की कमाई उनके द्वारा कितने समय काम किया गया इस बात पर निर्भर करती है।

✦क्योंकि एक दिन का समय सीमित है इसी वजह से एक दिन की अधिकतम आय इस वर्ग के लोगों के लिए सीमित होती है। और इस सीमा को कठिन परिश्रम करके भी नहीं बढ़ाया जा सकता, इसी वजह से एक नौकरी करने वाला व्यक्ति मिडिल क्लास ही रह जाता है।

2

अमीरों की आय समीकरण (Equation)

पिछले पाठ में हमने वेतनभोगी वर्ग एवं स्वरोजगार करने वाले प्रोफेशनल्स की आय का समीकरण देखा, और यह भी समझा कि किस प्रकार उनकी आय समय पर निर्भर होती है ।

बिजनेसमैन (उद्यमी) के पास भी दिन में 24 घंटे ही होते हैं, परंतु समय की यह सीमितता उनके एक दिन की अधिकतम आय को प्रभावित नहीं करती । इस पाठ में हम यही समझेंगे ।

सबसे पहले मैं यह परिभाषित कर दूँ कि "बिजनेसमैन" से मेरा तात्पर्य उन लोगों से है जिनकी अपनी कोई फैक्ट्री या कंपनी है । जहाँ वह किसी वस्तु या सेवा का उत्पादन करते हैं ।

एक बिजनेसमैन को अपनी फैक्ट्री में किसी वस्तु या सेवा का उत्पादन करने के लिए मुख्यतः तीन चीजों की जरूरत होती है । उन्हें English में Means of Production और हिंदी में "उत्पादन के साधन" कहा जाता है । जो कि Land, Labour, Capital (भूमि, मजदूर एवं पूँजी) है ।

भूमि से यहाँ तात्पर्य काम करने की जगह से है, यह वह जगह है जहाँ

एक बिजनेसमैन अपनी फैक्ट्री अथवा ऑफिस को बनाता है।
मजदूर यानी उसकी फैक्ट्री अथवा ऑफिस में तनख्वाह पर काम करने वाले लोग।
एवं पूँजी यानी वह धन जिससे बिजनेसमैन मशीन और कच्चा माल खरीदता है।

इन तीनों को आप इनपुट्स कह सकते हैं।

इन इनपुट्स का उपयोग करके एक बिजनेसमैन वस्तु या सेवाओं का उत्पादन करता है एवं बेचता है, जिसे हम आउटपुट कह सकते हैं।

अब बात करते हैं एक बिजनेसमैन के आय के समीकरण की। जो कुछ ऐसा दिखेगा –

Income(Profit) = Price of Output - Cost of Inputs

आय (लाभ) = (आउटपुट की कीमत) – (इनपुट्स की लागत)

आउटपुट की कीमत वह कीमत है जिस कीमत पर उद्यमी अपने उत्पाद या सेवाओं को ग्राहकों को बेचता है।

वहीं इनपुट्स की कीमत वह कीमत है जो उसने भूमि, मजदूर, और पूँजी पर खर्च करी।

आइये समझते हैं इस आय समीकरण के क्या लाभ है ?

जैसा कि हमने समझा था एक वेतनभोगी कर्मचारी के लिए प्रतिदिन आय की एक सीमा होती है । तो क्या एक बिजनेसमैन के लिए भी प्रतिदिन आय की ऐसी कोई सीमा है ?

चलिए इस प्रश्न का उत्तर खोजने की कोशिश करते हैं ।

क्योंकि एक उद्यमी कि आय इनपुट्स और आउटपुट पर निर्भर करती है इन्हीं का विश्लेषण करके हम इस प्रश्न का उत्तर ढूंढने की कोशिश करेंगे ।

इनपुट्स कि अगर बात करें तो -

हमारा पहला इनपुट है **भूमि**

भूमि के बजाय ज्यादा सही शब्द होगा "कार्य करने के लिए जगह", क्योंकि आज की अर्थव्यवस्था में जरूरी नहीं की आपको कार्य करने के लिए जमीन का एक टुकड़ा ही चाहिए हो । एक आईटी कंपनी पांचवें माले पर भी अपना ऑफिस बना सकती है । एक उद्यमी अपने कर्मचारियों से वर्क फ्रॉम होम भी करा सकता है । ऐसे में भूमि के बजाय "कार्य करने के लिए जगह" ज्यादा सही शब्द होगा ।

हालाँकि जहाँ तक विनिर्माण यानी की (मैन्युफैक्चरिंग) की बात की जाए तो बिजनेसमैन को एक फैक्ट्री लगाने के लिए कुछ जगह की जरूरत होती है ।

तो क्या भूमि की उपलब्धता की कोई कमी है ?

हालाँकि यह तो नहीं कहना चाहिए कि दुनिया में असीमित भूमि है, परंतु पृथ्वी पर भूमि का क्षेत्रफल 15 करोड वर्ग किलोमीटर है। ऐसे में यह जरूर कहा जा सकता है कि काम करने के लिए, अर्थात फैक्ट्री लगाने के लिए, ऑफिस बनाने के लिए जगह की कोई कमी नहीं पड़ेगी। हमारे पास पृथ्वी पर इतनी भूमि खाली पड़ी है कि आप भूमि की उपलब्धता को लगभग असीमित मान सकते हैं।

अगर आप स्वयं जमीन के मालिक नहीं भी है तो भी आप हमेशा अपनी फैक्ट्री या ऑफिस को बनाने के लिये जमीन को किराए पर ले सकते हैं।

अर्थात सौ बात की एक बात, आपको फैक्ट्री या ऑफिस बनाने के लिए जितनी जमीन की जरूरत होगी, किराए पर उपलब्ध हो जाएगी। इसकी कोई कमी नहीं है।

2) दूसरा इनपुट है **Labour (मजदूर /कर्मचारी)** -

एक अकेला आदमी फैक्ट्री या कंपनी तो चला नहीं सकता उसे निश्चित रूप से काम खत्म के लिए लोगों की आवश्यकता पड़ेगी और भारत जैसे देश में जहाँ बेरोजगार युवाओं की कोई कमी नहीं है, आपको मजदूरों (कर्मचारियों) की भी कोई कमी नहीं होने वाली है।

कई बार यह जरूर हो सकता है कि आपको कुशल कर्मचारी ढूँढने में समस्या हो सकती, परंतु सही सैलरी और ट्रेनिंग देकर इस समस्या को भी हल किया जा सकता है।

अर्थात निश्चित रूप से यह कहा जा सकता है कि कार्य करने के लिए मजदूर भी लगभग असीमित संख्या में उपलब्ध है।

और अगर आप इस नजरिये से देखें तो दिलचस्प बात यह है कि, मजदूर भी एक प्रकार से किराए पर ही उपलब्ध है। बस किराए का नाम यहाँ सैलरी हो गया है।

और असीमित मजदूरों की उपलब्धता ही वह कारण है जिस कारण से एक बिजनेसमैन के पास भी वही 24 घंटे होने के बावजूद भी वह उन्हीं 24 घंटों में असीमित काम को करने की क्षमता रखता है।

3) हमारा तीसरा इनपुट है **Capital (पूँजी)** -

पूँजी उत्पादन का तीसरा प्रमुख साधन है जो एक बिजनेसमैन को चाहिए।
यहाँ आप कह सकते हैं कि मजदूर एवं जमीन को निश्चित रूप से असीमित माना जा सकता है परंतु व्यापार व्यवसाय करने के लिये धन तो सबके पास नहीं है। और असीमित छोड़िए, सीमित मात्रा में भी धन की उपलब्धता के लाले पड़ रहे हैं।

परंतु यहाँ मैं कहना चाहूँगा कि, जहाँ तक बिजनेस करने की बात है;

पूँजी उपलब्ध है। और निश्चित रूप से पूँजी भी असीमित मात्रा में ही उपलब्ध है। और बाकी के दो की तरह ही यह भी किराए पर उपलब्ध है।

आखिर ऐसा किसने कहा है कि बिजनेस करने के लिए आपके पास स्वयं का ही पैसा होना चाहिए।

भारत ही नहीं विश्व भर में बैंकें पैसों से भरी हुई है।
तभी तो यह लोग क्रेडिट कार्ड के लिए फोन करते रहते हैं।
बैंकों का यही पैसा उद्योगों के लिए किराये पर उपलब्ध है। बस यहाँ किराए का नाम Interest (ब्याज) हो गया है।

किताबी बात से हटकर वास्तविक बात करें तो, यह बैंकें पैसों से भरी हो सकती है परंतु यह पैसा आपको मिले तो बात बने।

हो सकता है आपको लोन (कर्ज) मिलने में समस्याएं आए परंतु अगर आपके पास किसी अच्छे कॉलेज से डिग्री है, या गिरवी रखने के लिए कुछ है तो आपको लोन मिल सकता है। अगर आपका क्रेडिट स्कोर अच्छा है तो आपको लोन मिलने में ज्यादा दिक्कत नहीं होनी चाहिए।

साथ ही सरकार की मुद्रा जैसी कुछ योजनाएं भी हैं जो आसानी से स्टार्टअप्स और सूक्ष्म, लघु और मध्यम उद्योगों (MSME) को लोन उपलब्ध कराने में मदद करती है।

साथ ही शुरुआत में आपको बहुत बड़ी धनराशि लोन के रूप में ना मिले परंतु जैसे-जैसे आपकी कंपनी बड़ी होती जाती है लोन की इस राशि में भी बढ़ोतरी होती रहती है।

इसके अलावा बिजनेस के लिए पूँजी प्राप्त करने के कई अन्य माध्यम भी हैं। जैसे कि Angel Investor, Venture Capitalist, High Net worth Individuals (HNIs), सरकारी फंड आदि। ये वे लोग हैं जिन्हें आप अपने बिजनेस आइडिया, बिजनेस मॉडल, प्रोडक्ट, सेल्स आदि की जानकारी देते हैं और ये लोग आपके बिजनेस को शुरू करने के लिए या बड़ा बनाने के लिए पैसे देते हैं। सोनी टीवी पर आने वाला प्रोग्राम Shark Tank India इसका अच्छा उदाहरण है।

इनमें से मैं सबसे महत्वपूर्ण मानता हूँ, वह है सीड फंड वाले। यह वे लोग हैं जो तब निवेश करते हैं जब कंपनियाँ सिर्फ पन्नों पर होती है, बस एक आइडिया होती है। और उनके द्वारा किए गए निवेश से Founders (कंपनी अथवा स्टार्टअप का संस्थापक) अनुसंधान एवं विकास (Research & Development) में पैसा लगाता है एवं अपने उत्पाद को पहली बार बनता है। अतः यह कहा जा सकता है कि अगर आपके पास एक अच्छा प्रोडक्ट आइडिया है, एक बिज़नेस प्लान है, जिस पर सफलतापूर्वक बिजनेस बनाया जा सकता हो, तो पैसे की कोई कमी नहीं है। पूँजी पर्याप्त मात्रा में उपलब्ध है।
तो अभी तक हमने समझा कि जहाँ तक इनपुट की बात है, एक बिजनेसमैन को जो कुछ चाहिए; भूमि, मजदूर और पूँजी; यह सब पर्याप्त मात्रा में उपलब्ध है। अगर इनकी उपलब्धता को असीमित ना

भी कहूँ तो भी इन तीन चीजों की उपलब्धता में कोई कमी नहीं है । समय की तरह इनकी उपलब्धता में कोई ऊपरी सीमा नहीं है, और खास बात यह की तीनों चीजें किराए पर उपलब्ध है ।

चलिए अब एक बार आउटपुट साइड देख लेते हैं ।

यहाँ मुझे एक ऊपरी सीमा दिखाई देती है, जो है मार्केट साइज । मार्केट साइज का अर्थ होता है । किसी विशेष उत्पाद या सेवा के लिए बाजार में कितनी माँग है, या उस वस्तु के कितने संभावित ग्राहक हो सकते हैं । यह बताता है कि कितने लोग उस उत्पाद या सेवा को खरीदने की इच्छा रखते है, और उस वस्तु की कुल बिक्री कितनी हो सकती है ।

चाहे वह कोई भी वस्तु हो, खरीददारों की संख्या तो निश्चित रूप से अनंत नहीं है । हर वस्तु या सेवा का एक मार्केट साइज होता है, उससे ज्यादा उसे नहीं बेचा जा सकता । इस वजह से बिजनेसमैन के लिए एक ऊपरी सीमा जरूर बनती है कि वह किसी भी प्रोडक्ट या सेवा को अनंत तो नहीं बेच सकता ।

परंतु इस सीमा को कुछ हद तक पार किया जा सकता है । इस सीमा से पार पाने के कुछ उपाय मैंने यहाँ पर लिखे है ।

1. जब आप एक बाजार में किसी वस्तु या सेवा को अपने अधिकतम क्षमता तक बेच चुके हो, ऐसे में आप निर्यात करके विदेश के बाजारों में माल को बेच सकते हैं ।

2. आप अपने प्रोडक्ट से मिलता-जुलता प्रोडक्ट बना सकते हैं। उदाहरण के तौर पर स्मार्टफोन बनाने वाली कंपनियों ने ईयरफोन से लेकर स्मार्टवॉच आदि बनाना शुरू कर दिया है।

3. एक व्यवसाय से पर्याप्त लाभ होने के बाद अगर और अधिक वृद्धि की गुंजाइश न बचे तो, आप किसी अन्य क्षेत्र में भी उद्योग शुरू कर सकते हैं। रिलायंस इसका सबसे बड़ा उदाहरण है। एक उद्योग से हुए लाभ को किसी अन्य उद्योग में निवेश करके, बैंकों एवं शेयर मार्केट से पैसा उठाकर आज पेट्रोलियम, रिटेल, गैस, बिजली, टेलीकॉम, आईपीएल आदि क्षेत्रों में अपने व्यापार को फैला दिया है।

इसलिए किसी वस्तु या सेवा का मार्केट साइज सीमित हो सकता है, परंतु सभी वस्तुओं का कुल मार्केट साइज को अगर आप देखेंगे तो वह सीमित नहीं है। वह काफी विशाल है।
कुछ ना कुछ प्रोडक्ट या सेवाओं की हमेशा माँग बनी रहेगी।
कुछ ना कुछ हमेशा बेचा जा सकेगा।

तो हम देख रहे हैं, एक बिजनेसमैन कि आय जिन तीन चीजों पर निर्भर करती है उनकी असीमित उपलब्धता है। और यह असीमित उपलब्धता होने की वजह से ही एक बिजनेसमैन अपनी आय को बढ़ा सकता है।

अपनी बात को और अच्छे से समझाने के लिए मैं एक उदाहरण लेता हूँ।

यहाँ हम देखेंगे एक बिजनेसमैन को जो की स्मार्टफोन बनाता है।

उसकी अपनी फैक्ट्री है, जहाँ वह स्मार्टफोन बनाता है। उसके पास हर महीने 1000 फोन बनाने की मशीन और मजदूर उपलब्ध है, और इतने ही स्मार्टफोन हर महीने वह बेच भी देता है। सारे खर्चे निकालने के बाद हर स्मार्टफोन की बिक्री पर वह ₹1000 कमाता है। इस हिसाब से उसकी मासिक आय ₹1000 x1000 = 10 लाख बनती है।

अब वह अपने फोन को और बेहतर बनाने पर काम करता है, कुछ नए स्मार्ट फीचर्स डालता है, मार्केटिंग में भी कुछ पैसा खर्च करता है और फोन का नया संस्करण (Version) लेकर आता है। लोगों को यह नया वर्जन काफी पसंद आता है, और उसके हजार फोन 15 दिन में ही बिक जाते हैं। ऐसे में अगले महीने वह हजार से ज्यादा फोन बिकने की उम्मीद रख सकता है। परंतु उसकी फैक्ट्री की क्षमता तो महीने में हजार फोन बनाने की ही है।

ऐसे में वह क्या करेगा ?

वह बैंक या निवेशकों के पास जाएगा, वह अपनी सेल्स आदि का डाटा बैंक/निवेशकों को बताएगा। भविष्य में होने वाली सेल के बारे में भी बतायेगा। लाभ कमा रहे धंधो में पैसा डालने में बैंक या निवेशक संकोच नहीं करते।
लोन या निवेश में मिली इस धनराशि से वह कुछ और मशीनें खरीदेगा या किराए पर ले लेगा। कुछ जमीन किराए से लेगा, कुछ और लोगों को काम पर रखेगा; और एक फैक्ट्री और लगाएगा। और अब वह

हर महीने 2000 स्मार्टफोन बना सकेगा । अगर अगले कुछ महीनों मे वह 2000 स्मार्टफोन सफलतापूर्वक बना और बेच पाता है तो अब उसकी मासिक आय ₹1000x2000 = 20 लाख हो जाएगी । यह पुरानी मासिक आय की दुगनी है ।

मैं जानता हूँ कि इतनी जल्दी आय दुगनी नहीं हो जाती है, समय लगता है । सब कुछ इतना आसान नहीं है । परन्तु मैं यहाँ पर सिर्फ यह बताना चाह रहा हूँ कि बिजनेस में आय को किस तरह से बढ़ाया जाता है । बिजनेस में आय बढ़ने के तरीके को हम समझाना चाह रहे हैं ।
यहाँ प्रतिदिन या प्रति महीने आय की कोई ऊपरी सीमा नहीं है । कुछ महीने बाद यह बिजनेसमैन मासिक 2000 के बजाय 10000 या 20000 फोन भी बेच सकता है, और अपनी आय को 10 गुना, 20 गुना, 100 गुना भी कर सकता है । आज देश में तो कल विदेश में बेच सकता है ।

और एक खास बात जैसा की हमने पिछले पाठ में देखा था, डॉक्टर साहब को अपनी आय दोगुनी करने के लिए अपने कार्य के घंटे दोगुने करने पड़े थे।
क्या इस बिजनेसमैन को भी अपनी आय दोगुनी करने के लिए दोगुना समय तक काम करने की जरूरत है ?

बिल्कुल नहीं ।

वह अपनी इस नई फैक्ट्री को संभालने के लिए एक योग्य मैनेजर रख

लेगा । उसे दोगुने समय तक काम करने की जरूरत नहीं है । और इसी तरह से दो से तीन और फिर तीन से चार फैक्ट्री भी संभाली जा सकती है ।

चलिये एक बार फिर से वेतनभोगी कर्मचारियों के बारे में थोड़ी और चर्चा कर लेते हैं ।

आय तो एक वेतनभोगी कर्मचारी की भी बढ़ती है, परंतु इस चीज की अपनी समस्याएं हैं ।

पहली, उनकी आय बढ़ेगी या नहीं यह निर्णय उनका बॉस लेता है ।

दूसरी, सब कुछ ठीक रखने के बावजूद भारत में कंपनियाँ 20 - 25% की सैलरी बढ़ा दे तो एक बड़ी बात होती है ।

तीसरी, भारत में सैलरी वार्षिक अंतराल पर ही बढ़ाई जाती है । मतलब अपनी सैलरी 20 से 25% बढ़ाने के लिए एक साल का इंतजार करना पड़ता है । और हर साल आपकी आय बढ़ ही जाए इसकी भी कोई गारंटी नहीं है ।

जहाँ तक आत्मनिर्भर प्रोफेशनल्स (डॉक्टर, वकील) की बात है वह अपनी आय बढ़ाने के लिए अपनी फीस बढ़ा सकते हैं । लेकिन उनकी अपनी समस्याएं हैं । पहली तो यह कि वह अपनी फीस बहुत ज्यादा नहीं बढ़ा सकते हैं, ऐसा करने पर कोई ग्राहक उनके पास आएगा नहीं ।

दूसरा एक बार फीस बढ़ाने के बाद आपको कुछ महीनों या सालों का इंतजार करना पड़ता है दोबारा अपनी फीस बढ़ाने के लिए ।

परंतु एक डॉक्टर एक दिन में एक सीमा से ज्यादा मरीज का इलाज तो नहीं कर सकता, एक वकील एक दिन में एक सीमा से अधिक कैस तो लड़ नहीं सकता। वेतनभोगी वर्ग कंपनी बदल ले या कुछ और कर ले लेकिन दिन के 24 घंटे की उपरी सीमा का तो कुछ नहीं कर सकते।

वहीं एक बिजनेसमैन अधिक मजदूर एवं मशीनें लगाकर अपने उत्पादन को बढ़ा सकता है, अपनी आय को बढ़ा सकता है।

सीधी सी बात है -

Businesses can be Scaled.
Jobs cannot be Scaled.

बिजनेस को स्केल किया जा सकता है, यानी बड़ा बनाया जा सकता है। परंतु एक नौकरी को स्केल नहीं किया जा सकता।

<u>Scale is a Superpower.</u>

<u>स्केल एक सुपर पावर है।</u>

वेतनभोगी कर्मचारियों को अपनी सेवा का उत्पादन करने के लिए इनपुट के रूप में समय की आवश्यकता होती है, और अगर इनपुट सीमित होगा तो निश्चित ही उत्पादन (आउटपुट) भी सीमित ही होगा। और इसी वजह से नौकरियों को स्केल नहीं किया जा सकता। वहीं दूसरी और एक बिजनेसमैन अपने लाभ को निवेश करके या फिर

बैंक अथवा निवेशकों से पूँजी लेकर, कुछ मशीनें खरीद कर और कुछ और मजदूरों को काम पर रखकर अपने उत्पादन को बढ़ा सकता है। जब तक बाजार में माँग है उसके उत्पादन में वृद्धि की जा सकती है। जैसे-जैसे यह वृद्धि होती रहती है, बिजनेसमैन की आय भी बढ़ती रहती है।

इस प्रकार से भूमि, मजदूर एवं पूँजी की असीमित उपलब्धता उद्यमियों को अपना व्यापार–व्यवसाय स्केल करने में, आय को बढ़ाने में मदद करती है।
यही स्केलिंग की सुपर पावर है। और इस सुपरपावर का लाभ सिर्फ बिजनेसमैन ही उठा रहे हैं। यह लाभ वेतनभोगी कर्मचारी एवं आत्मनिर्भर प्रोफेशनल को नहीं मिल पाता।

इसके अलावा कई सारे टैक्स के फायदे हैं जो सिर्फ बिजनेसमैन ही उठते हैं। लेकिन मैं उन सब में नहीं जाना चाहता, उसके बारे में आप इंटरनेट से पढ़ सकते हैं।

मैं यह भी स्वीकार करता हूँ कि बिजनेस की अपनी चुनौतियाँ है। और मैं यह भी जानता हूँ कि सभी बिजनेस सफल नहीं होते। लेकिन इन दो पाठों में मेरा मुख्य लक्ष्य आपको वह गणित बताना था जो एक अमीर व्यक्ति को अमीर बनाता है और एक वेतनभोगी कर्मचारी को मिडिल क्लास या गरीब ही रख देता है। किसी व्यक्ति को अमीर बनाने एवं किसी को मिडिल क्लास बनाए रखने में यह गणित बहुत अहम भूमिका

निभाती है, लेकिन अधिकतम लोग इस गणित को नहीं जानते । इसी वजह से हम भारतीय लोग एक महंगा मजदूर (Expensive Labour) बनने में लगे रहते हैं । हमारा सपना होता है किसी ड्रीम कंपनी में काम करने का और उसके लिए हम काफी महंगे कोर्स भी करते हैं ।

वेतनभोगी वर्ग के लोग अपनी फील्ड की विशेषज्ञ होंगे, परंतु बिजनेसमैन, (जो कि शायद इतने विशेषज्ञ ना भी हो) वह इनकी विशेषज्ञता का उपयोग करके स्वयं काफी अमीर बन जाते है ।

क्या इसका अर्थ यह है कि मैं आपसे Specialist(विशेषज्ञ) बनने से मना कर रहा हूँ ?
क्या इसका अर्थ यह है कि मैं आपसे कॉलेज नहीं जाने की, शिक्षा नहीं लेने की बात कह रहा हूँ ?

नहीं । निश्चित रूप से मेरा अर्थ यह नहीं है ।

शिक्षा को लेकर मैंने अपनी बात को विस्तार से पाठ 7 में समझाया है । जहाँ मैंने बताया है कि अगर आप अमीर बनना चाहते हैं तो आपको किस तरह की पढ़ाई करनी चाहिए ? खासकर आपको कैसा विशेषज्ञ बनना चाहिए ?

जैसे इस पाठ में हमने समझा वैसे ही कुछ और तार्किक और हिसाब किताब से हम आगे समझेंगे कि अगर आपको अमीर बनना है तो किस प्रकार से बिजनेस ही आपके लिए रास्ता है ।

सारांश

✦एक वेतनभोगी कर्मचारी और आत्मनिर्भर प्रोफेशनल को अपनी सेवा का उत्पादन करने के लिए, एक इनपुट की तरह, समय की आवश्यकता होती है और क्योंकि एक दिन में समय सीमित है, इसलिए उनका एक दिन का अधिकतम उत्पादन(आउटपुट) भी सीमित ही होता है। और इसीलिए उनके प्रतिदिन की आय भी सीमित होती है।

✦ एक बिजनेसमैन को उत्पादन के लिए भूमि, मजदूर और पूँजी की आवश्यकता होती है और यह तीनों चीजें पर्याप्त मात्रा में उपलब्ध है और किराए पर भी उपलब्ध है। भूमि, मजदूर एवं पूँजी की असीमित उपलब्धता की वजह से बिजनेसमैन अपने व्यापार-व्यवसाय को स्केल कर सकते हैं और बाजार द्वारा जितनी माँग की जा रही हो, इतना उत्पादन कर सकता है।

✦ उत्पादन बढ़ने के साथ-साथ उनकी आय भी बढ़ती रहती है और इसी वजह से एक बिजनेसमैन के लिए प्रतिदिन आय की कोई ऊपरी सीमा नहीं होती।

3

लोग अमीर कैसे बनते हैं ?

क्योंकि हम यह समझने की कोशिश कर रहे हैं कि लोग अमीर कैसे बनते हैं, तो सबसे पहले यह समझते हैं कि अमीर बनने से हमारा तात्पर्य क्या है?

जैसा कि हम सब जानते हैं, अमीर होने का अर्थ है, खूब सारा पैसा होना, खूब सारी वित्तीय संपत्ति (Financial Assets) होना।

2024 में मुकेश अंबानी की संपत्ति 90 बिलियन अमेरिकी डॉलर यानी 7 लाख 50 हजार करोड़ भारतीय रुपए जितनी थी। यह इतनी धनराशि है कि अगर आप ₹500 के नोटों से 12 फीट x12 फीट x12 फीट का कमरा भरे, तो 50,000 कमरें भरा जायेंगे।

और अब तक हम यह भी समझ चुके हैं कि अगर मुकेश अंबानी एक वेतनभोगी कर्मचारी या आत्मनिर्भर प्रोफेशनल होते तो वह इस धनराशि का 0.00001% भी नहीं कमाए होते।

इससे प्रश्न उठता है कि लोग इतना अमीर कैसे बन जाते हैं ?

और ऐसा भी नहीं है कि आरबीआई पैसे छाप छाप के उन्हें सीधा सप्लाई करती हो । हकीकत में ऐसा होता है कि पैसा सारी जनता से कुछ लोगों की तरफ जाता है जो अंततः बाकियों से अमीर हो जाते हैं।

अब इस बात से कुछ मूल प्रश्न उठते हैं -

1. पहला यह कि, पैसा कुछ लोग की तरफ कैसे जाता है ?

2. दूसरा कि, पैसा एक व्यक्ति से दूसरे व्यक्ति के पास कैसे जाता है?

3. तीसरा, दुनिया आपको या किसी को भी पैसा क्यों देती है ?

बाद के पाठों में हम यह भी देखेंगे की यह पैसा आपकी तरफ कैसे आ सकता है ?
चलिए समझते हैं ।

हम एक बाजार आधारित अर्थव्यवस्था (Market Economy) है, हम वस्तुओं और सेवाओं के बदले में रुपए का लेनदेन करते हैं । उदाहरण के तौर पर किसी को बिस्कुट चाहिए और मैं उसे वह बिस्कुट दे देता हूँ तो वह बदले में मुझे रुपए देता है ।
अगर मुझे शर्ट चाहिए मैं दुकान पर जाता हूँ, मैं उसे कुछ रुपए देता हूँ, बदले में वह मुझे शर्ट दे देता है । आसान है । यह चीज आप पहले से ही जानते ही है ।

यहाँ पर मैं थोड़ा सर्विसेज के बारे में भी समझाना चाहूँगा । रोजमर्रा की जिंदगी में हम कई सारे प्रोडक्ट खरीदते हैं उदाहरण के तौर पर पेन, कॉपी, साबुन, कपड़े, घर का सामान, मोबाइल फोन, कार आदि । यह वह चीज हैं जिन्हें छूकर महसूस किया जा सकता है । जब हम

इन्हें खरीदते हैं तो बदले में हम कुछ रुपए देते हैं। इन वस्तुओं को खरीदने के अलावा हम कुछ प्रोफेशनल्स को उनकी सर्विसेज के लिए पैसे देते हैं। उदाहरण के तौर पर हम कटिंग करने के लिए एक नाई को पैसे देते हैं, हालाँकि वह हमें कोई वस्तु नहीं देता है, लेकिन चुँकि हम स्वयं अपने बाल नहीं काट सकते, ऐसे में वह हमारी मदद करता है और उसके समय के बदले में हम उसे कुछ रुपए देते हैं। इसी प्रकार से एक डॉक्टर हमारा इलाज करता है, एक शिक्षक हमें पढ़ाता है, एक वकील हमें कानूनी सलाह देता है या कोर्ट मे हमारी पैरवी करता है। यह सभी लोग हमें कोई भौतिक वस्तु तो नहीं देते लेकिन किसी न किसी तरह से हमारी मदद करते हैं, यह मदद ही "सर्विस" कहलाती है। सेवाएं (सर्विसेस) वह अमूर्त (Intangible) सहायता है जो आपको प्रोफेशनल्स से मिलती है।

तो हम एक मार्केट इकोनोमी में या तो वस्तुएं (प्रोडक्ट) या सेवाओं (सर्विसेज) को बेच रहे होते हैं।

इस प्रकार से मुकेश अंबानी हमें डाटा, पेट्रोल, डीजल, गैस, फुटवियर, इलेक्ट्रॉनिक्स, ग्रोसरीज आदि चीज देते हैं और बदले में हम उन्हें रुपए देते हैं।

तो मूल रूप से, अर्थव्यवस्था में जो भी व्यक्ति पैसा कमा रहा है, वह किसी न किसी वस्तु या सेवा का विक्रेता है। यहाँ तक की एक वेतनभोगी कर्मचारी भी अपनी सेवा का विक्रेता है, जो अपनी सेवा किसी व्यक्ति या कंपनी को बेच रहा होता है। कंपनी को काम खत्म करने के लिए कुछ लोगों की आवश्यकता थी, ये लोग उस काम को

करके कंपनी की मदद करते हैं और इसके बदले में व्यक्ति या कंपनी उन्हें पैसा (सैलरी) देती है।

अगर यहाँ तक की बात समझ में आ गई है तो हम आगे बढ़ते हैं।

एक और मूल बात जो आप जानते होंगे की यह वस्तुएं या सेवाएं आमतौर पर उनकी निर्माण (इनपुट) लागत से अधिक कीमत पर बेची जाती है।

वस्तु की बिक्री कीमत और इनपुट लागत के बीच का अंतर ही लाभ (Profit Margin) कहलाता है।

लाभ = बिक्री मूल्य - इनपुट की लागत

यह वह आय है जो उस कंपनी की होती है, जब वह वस्तु बाजार में बिकती है।

जो कि सामान्य समझ और बुनियादी ज्ञान है।

परंतु यह लाभ तभी होता है जब वह वस्तु बाजार में बिकती हो।

इसलिये हमें यह समझने की जरूरत है कि कोई भी व्यक्ति किसी प्रोडक्ट या सर्विस को क्यों खरीदता है ?

उत्तर आसान है, अगर वह प्रोडक्ट या सर्विस उनकी किसी समस्या का समाधान करता हो या उन्हें खुशी देती हो या फिर यूं कह ले कि वह प्रोडक्ट या सर्विस उनका जीवन आसान बनाती है या किसी जरूरत

को पूरा करती हो। एक पंक्ति में कहना चाहूँ तो अगर वह प्रोडक्ट या सर्विस उनका दर्द कम करती हो और/या खुशी को बढ़ती हो।

आपके द्वारा खरीदी गई किसी भी चीज के बारे में सोचें, आप विचार करेंगे तो पाएंगे कि हर वस्तु को खरीदने का कारण भी इनमें से ही कुछ था। दर्द को कम करें या/और खुशी को बढ़ाएं और किसी समस्या को हल करें।

आप अपने दूर के मित्र/रिश्तेदार से बात करना चाहते है आपके लिए फोन है, आपको ठंड लग रही है आपके लिए स्वेटर है, आपको बारिश लग रही है, छाता उपलब्ध है। आप यूट्यूब वीडियो देखना चाहते हैं, आपके लिए 5G इंटरनेट उपलब्ध है। आप दूर किसी जगह जाना चाहते हैं, आपके लिए मोटरसाइकिल, कार इत्यादि उपलब्ध है। आप बीमार पड़ जाए, आपको ठीक करने के लिए डॉक्टर उपलब्ध है। यह सारी वस्तुएं मोबाइल, फोन, स्वेटर, छाता, 5G इंटरनेट कनेक्शन, कार इत्यादि हमारी किसी न किसी समस्या का समाधान करती हैं और इसी वजह से हम उन्हें खरीदने हैं।

डॉक्टर, वकील, आर्किटेक्ट, शिक्षक इत्यादि जैसे प्रोफेशनल्स भी किसी तरह से हमारी मदद करते हैं और बदले में हम उन्हें पैसे देते हैं।

तो आप यह कह सकते हैं कि बाजार वह स्थान है जहाँ पर हम एक दूसरे की समस्या का समाधान करते हैं और बदले में रुपए का आदान-प्रदान करते हैं।

अगर आप कहीं काम करते हैं तो निश्चित रूप से आप किसी न किसी की कोई ना कोई समस्या का समाधान प्रतिदिन जरूर कर रहे होंगे।

अर्थव्यवस्था में, प्रत्येक व्यक्ति किसी अन्य की कोई ना कोई समस्या का समाधान जरूर कर रहा होता है। अगर आप बेरोजगार हैं और कुछ पैसे कमाना चाहते हैं तो किसी की कोई समस्या हल कर दीजिए बदले में आपको कुछ रुपए जरूर मिल जाएंगे।

तो अब प्रश्न यह उठता है कि, जब सभी लोग किसी न किसी समस्या का समाधान कर रहे हैं और सभी लोगों के पास दिन में वही 24 घंटे हैं, तो फिर लोगों की आय में इतना अंतर क्यों है ?
क्या कारण है कि कुछ लोग बाकियों से अधिक पैसे कमाते है ?

तो उत्तर है **स्केल** और **मार्जिन** का।

पिछले पाठ में हमने स्केल की चर्चा करी। जहाँ हमने बात करी थी कि एक बिजनेस को स्केल किया जा सकता है, यानि कि एक धंधे को बड़ा बनाया जा सकता है। यहाँ पर भी हम स्केल की बात करेंगे, लेकिन यहाँ पर स्केल करने से मेरा अर्थ होगा <u>उन लोगों की संख्या को बढ़ाना जिनकी समस्या हम हल कर रहे है, यानि कि अपने ग्राहकों की संख्या को बढ़ाना</u>।

मान लेते हैं कि मैं एक प्रोडक्ट बनाता हूँ, जो किसी समस्या का समाधान करता है। एक नग बिक्री पर अगर मैं ₹10 का लाभ कमाता

हूँ, और अगर मैं इसे 100 लोगों को बेचता हूँ तो मेरा कुल लाभ ₹1000 होगा।

वहीं अगर मैं 200 लोगों को बेच देता हूँ तो मेरा कुल लाभ ₹2000 होगा। आसान गणित है।

तो हम देख रहे हैं कि –

मेरी आय (लाभ) ग्राहकों की संख्या (उन लोगों की संख्या जिनकी समस्या का हल मेरा प्रोडक्ट या सर्विस करती है) के समानुपाती होती है।

Income (Profit) ∝ Number of Customers

आसान शब्दों में कहें तो जितने ज्यादा लोगों की समस्या मैं हल करता हूँ, वही संख्या होती है मेरे ग्राहकों की, और उन्हीं के अनुपात में मुझे लाभ या आय होती है।

उदाहरण के तौर पर, एक वकील दिन में 10 से 20 लोगों की समस्याओं का हल करता है। और इसी अनुपात में उसे पैसे मिलते हैं। वही मुकेश अंबानी प्रतिदिन 50 करोड़ लोगों को मोबाइल इंटरनेट की सेवा उपलब्ध कराते हैं और उसी अनुपात में रुपए कमाते हैं।

यही स्केल का सुपर पावर है।

ज्यादा ग्राहक, ज्यादा आय।

समझना आसान है।

एप्पल,अमेजॉन, फ़ेसबुक, गूगल, सैमसंग, रिलायंस, टाटा, नेस्ले आदि जैसी कई कंपनियाँ है जो प्रतिदिन लाखों-करोड़ों लोगों को अपना प्रोडक्ट या सर्विस बेचती है और करोड़ों की आमदनी प्रतिवर्ष करती है।

और जैसा कि हम पहले देख चुके हैं कि, दिन में घंटों की सीमितता की वजह से एक स्वतंत्र प्रोफेशनल दिन में सीमित (Limited) लोगों को ही अपनी सेवा दे सकता है, अर्थात उनके ग्राहकों की संख्या भी सीमित होती है, और इसी वजह से उसकी आय सीमित होती है।

वेतनभोगी कर्मचारियों के बारे में थोड़ी और चर्चा करते हैं।

जैसा कि हम पहले चर्चा कर चुके हैं अर्थव्यवस्था में हर व्यक्ति एक विक्रेता है, जो कुछ ना कुछ बेच रहा है, यहाँ तक की एक वेतनभोगी कर्मचारी भी एक विक्रेता ही है। जो अपनी सर्विस बेचता है। और हम जानते हैं कि जितनी ज्यादा आपके ग्राहकों की संख्या उतनी ही ज्यादा आपकी आय होती है।

ऐसे में, अगर मैं आपसे पूछूँ कि एक वेतनभोगी कर्मचारी के लिए ग्राहकों की संख्या कितनी है ?

तो उत्तर होगा – एक।

अगर आप एक वेतनभोगी कर्मचारी है, तो आपको थोड़ा बुरा लग सकता है लेकिन यह सच है। अप्रत्यक्ष रूप से यह भी लग सकता है

कि एक वेतनभोगी कर्मचारी एक से अधिक लोगों की समस्या का समाधान प्रतिदिन करता है। परंतु तकनीकी रूप से देखें तो उसके ग्राहकों की संख्या एक ही है - वह व्यक्ति अथवा कंपनी जिसके लिए वह काम करता है, बस वही उसका ग्राहक है।

एक उदाहरण से यह बात अच्छे से समझ आ जाएगी।

हम एक शिक्षक (वेतनभोगी कर्मचारी) का उदाहरण लेते हैं, जो एक स्कूल में कार्य करता है, जिस स्कूल का मालिक कोई और है। यह शिक्षक सोच सकता है कि मैं प्रतिदिन 50, 100 या 200 विद्यार्थियों को पढ़ाता हूँ (समस्याएं हल करता हूँ)। यानी की प्रतिदिन मैं अपनी सर्विस इतने विद्यार्थियों को बेचता हूँ। तो मेरे प्रतिदिन इतने ग्राहक हुए
लेकिन नहीं।

क्योंकि स्कूल के मालिक के पास एक ही शरीर है, इसलिए वह सारी कक्षाओं में एक साथ उपस्थित नहीं हो सकता है। यही उसकी समस्या है। उसे अगर बहुत सारे बच्चे पढ़ाने हैं तो उसे कुछ लोगों को काम पर रखना पड़ेगा। इसलिये तकनीकी रूप से अगर आप देखे तो शिक्षक अपने एंपलॉयर (उस स्कूल के मालिक) की समस्या को हल करता है। अपने एंपलॉयर को अपनी सर्विस बेचता है, जो आगे चलकर उन विद्यार्थियों को यह सर्विस बेचता है। इस शिक्षक के लिए ग्राहकों की संख्या एक ही है- उसका एंपलॉयर। विद्यार्थी तो स्कूल के मालिक के ग्राहक है।

आपके मन में प्रश्न उठ सकता है कि मैं ऐसा क्यों कह रहा हूँ ?

हम यहाँ पर "ग्राहक" को परिभाषित कर देते है। "ग्राहक" वही कहलाएगा जो प्रोडक्ट या सर्विस के बदले में प्रत्यक्ष (Direct) रूप से पैसे देता हो। यहाँ शिक्षक के मामले में विद्यार्थी शिक्षक को प्रत्यक्ष रूप से पैसे नहीं देते हैं बल्कि स्कूल मालिक को पैसे देते हैं। जो आगे चलकर शिक्षक को वेतन देता है। यहाँ पर स्कूल मालिक मध्यस्थ (Middle Man) है।

आपका प्रश्न हो सकता है कि, ठीक है, मध्यस्थ से होकर शिक्षक के पास पैसा पहुँचे या शिक्षक के पास पैसा प्रत्यक्ष (Direct) रूप से पहुँचे क्या फर्क पड़ता है।

फर्क पड़ता है, इस फर्क को हम विस्तार से समझते हैं।

अगर शिक्षक किसी और के स्कूल में न पढ़ाकर स्वयं की कोचिंग में पढ़ा रहा होता और वहाँ पर अगर बच्चों की संख्या दोगुनी हो जाती तो निश्चित रूप से शिक्षक की आय भी दोगुनी हो चुकी होती।

परंतु अभी जब वह किसी और के स्कूल में पढ़ा रहा है, और अगर किसी वजह से बच्चों की संख्या दोगुनी हो जाती है तो मालिक की आय तो दोगुनी हो जाएगी परंतु यह निश्चित नहीं है कि शिक्षक की आय भी दोगुनी हो जाएगी। उसकी आय में साल की जो 5%, 10%, 15% वृद्धि होनी है उतनी ही होगी।

मैं यह भी मानता हूँ कि एंपलॉयर एक वेतनभोगी कर्मचारी की सर्विस का बड़ा क्रेता (Buyer) है। वह अपने कर्मचारियों से प्रतिदिन उनकी

सर्विस खरीदना है । परन्तु अर्थव्यवस्था में जहाँ पर आपकी आय आपके ग्राहकों की संख्या पर निर्भर करती है । बिजनेसमैन तो अपने ग्राहकों की संख्या को बढ़ा सकते हैं ।

परंतु एक वेतनभोगी कर्मचारी के पास सिर्फ एक ही ग्राहक होता है ।

मून लाइटिंग (अपनी मुख्य नौकरी करने के पश्चात बाकी के समय में किसी अन्य जगह नौकरी) करके एक वेतनभोगी कर्मचारी अपनी आय को थोड़ा बहुत बड़ा सकता है । जैसे रेपीडो, उबर चलाना या जोमेटो एवं स्विगी पर डिलीवरी का काम, फ्रिलांसिंग आदि । परंतु यहाँ से प्राप्त होने वाली आय पर भी सीमा है क्यों कि मुख्य नौकरी करने के बाद समय और ऊर्जा दोनों ही बहुत कम बचते हैं ।

मून लाइटिंग करने वालों में भी कुछ लोग फिर से उसी प्रकार के काम करने लग जाते हैं जिसकी वजह से उनकी आय कम है । अर्थात इस उपलब्ध समय में भी ये लोग उसी प्रकार के ही काम करते हैं जहाँ दोबारा उनकी आय, उन्होंने कितने समय काम किया इस बात पर निर्भर करती हो । इस समय की सीमितता से उभरने के लिए, एक वेतनभोगी कर्मचारी को खाली समय में क्या काम करना चाहिए जहाँ उसकी आय समय पर निर्भर ना रहे । और एक बार काम करने के बाद बार-बार आय होती रहे, इसके बारे में मैंने पाठ-5 (असमानुपाती आय के स्रोत) में विस्तार से चर्चा करी है ।

भारत में हम एक लाख की तनख्वाह को एक बेंचमार्क मानते हैं । "अरे भैया एक लाख की तनख्वाह है ।"

लेकिन आप गणित करके सोचे, हमको ₹1,00,000 प्रति महीना कमाने के लिए क्या चाहिए ?

हमारे पास या तो 100 ग्राहक होने चाहिए जिनसे हमें **महीने भर में** ₹1000 का लाभ हो सके । (100 x 1000= ₹1,00,000)

या

हमें 1000 ग्राहक चाहिए (प्रतिदिन 33) जिनसे हमें महीने भर में ₹100 का लाभ हो सके । (1000 x ₹100 = ₹1,00,000)

तो इस पाठ का सबसे पहला मुख्य बिंदु यह है कि अधिक पैसे कमाने के लिए अधिक से अधिक लोगों की समस्याएं हल करने की कोशिश करें । जितने ज्यादा लोगों की समस्याएं आप हल करेंगे, उतने ज्यादा आपके ग्राहकों की संख्या होगी और स्वतः ही आपकी आय भी अधिक होगी ।

चलिए अब दूसरी चीज के बारे में बात करते हैं जो है **मार्जिन ।**

अगर मेरे 50 ग्राहक हैं, और एक प्रोडक्ट बेचने पर मुझे ₹100 का लाभ होता है, तो मेरी आय होगी 50× ₹100= ₹5000 और किसी प्रकार से अगर मैं अपने मार्जिन को ₹200 तक बढ़ा देता हूँ, तो मेरी आय अब 50× ₹200=₹10000 होगी ।

तो यह बात भी समझना आसान है, प्रत्येक ग्राहक से ज्यादा मार्जिन मतलब ज्यादा आय ।

माइक्रोसोफ्ट 35% का मार्जिन कमाती है, एनवीडीया 55% का प्रोफिट मार्जिन कमाती है। कुछ सॉफ्टवेयर और लग्जरी सामानों की कंपनियाँ तो 70% तक प्रोफिट मार्जिन कमाती है।

अब इस बात से प्रश्न उठता है कि आप **अधिक मार्जिन कैसे प्राप्त कर सकते है ?**

इस विषय पर एक अलग ही पाठ होना चाहिए इसलिए हमने अगला पाठ इसी विषय की चर्चा के लिए दिया है।

सारांश

✦ इस पाठ में हमने यह समझने की कोशिश करी कि कुछ लोग दूसरों से अधिक संपत्ति कैसे कमाते हैं ?

✦ पैसा कमाने के लिए आपको कोई ना कोई वस्तु या सेवा बेचनी होगी। इस वस्तु या सेवा के द्वारा किसी न किसी समस्या का समाधान होना चाहिए। अर्थात यह वस्तु/सेवा दर्द को कम करनी चाहिये या/और खुशी को बढ़ानी चाहिए।

✦ जितने ज्यादा लोगों की समस्याएं हम हल करते हैं, उतने ही ज्यादा हमारे ग्राहक होंगे और उसी अनुपात में हम धनराशि कमाएंगे।

✦ यह हमारे उत्तर का पहला भाग था। स्केल वाला भाग। दूसरा भाग – "अधिक मार्जिन कैसे प्राप्त किया जाए?" यह हम अगले पाठ में चर्चा करेंगे।

4

आविष्कार करें और अमीर बन जाए

अधिक प्रोफिट मार्जिन कैसे प्राप्त किया जाए ?

प्रोफिट मार्जिन मूल रूप से जिस कीमत पर प्रोडक्ट या सर्विस (आउटपुट) बेचा जा रहा हो और उस प्रोडक्ट या सर्विस को बनाने में लगी लागत का अंतर है।

प्रोफिट मार्जिन = (प्रोडक्ट या सर्विस की कीमत) - (उन्हें बनाने में लगी लागत)

इसलिये अगर हम प्रोफिट मार्जिन को बढ़ाना चाहते है तो यह काम हम दो तरीके से कर सकते हैं -

1. प्रोडक्ट या सर्विस (Output) जिनकी हम बिक्री कर रहे हैं उनके विक्रय मूल्य को अधिकतम कर के (Maximise the Selling Price of Output). और

2. इनपुट(कच्चा माल, उत्पादन,मार्केटिंग आदि) की लागत को न्यूनतम कर (Minimise the Cost of Inputs)

तो मार्जिन बढ़ाने के लिए हमें कुछ ऐसे तरीके खोजना है जिसकी सहायता से हम इनपुट्स की कीमत को घटा सके और दूसरा, हमें कुछ

तरीके ऐसे खोजने हैं जिनकी सहायता से हम अपने प्रोडक्ट्स एवं सर्विसेज को अधिकतम विक्रय मूल्य पर बेच सके। साथ ही हमें यह भी ध्यान रखना है कि उस अधिकतम विक्रय मूल्य पर भी लोग उस वस्तु या सेवा को खुश होकर खरीदें।

बाकी का यह पाठ इसी बारे में चर्चा है कि किन तरीकों से हम इन दोनों लक्ष्यों को हासिल कर सकें ?

आपके दिमाग में भी 50 चीजें आ रही होगी कि हम यह कर सकते हैं, हम वह कर सकते है। ठीक है,अच्छी बात है।

परंतु अगर मुझे एक व्यापक शब्द देना हो जिसमें यह सभी तरीके आ हो जाएं, तो वह शब्द होगा – **नवाचार (INNOVATION).**

यह आविष्कार (Invention) का ही छोटा भाई है।

पहली बार बनाई गई वस्तु को आविष्कार कहते है, तो नवाचार (Innovation) नई तकनीक अथवा सोच से मौजूदा चीज़ों को बेहतर बनाना है।

जैसे कि पहिया एक आविष्कार है, थैला (बैग) अपने आप में आविष्कार है। लेकिन अगर बैग के पहिए लगा दिया जाए और वह ट्रोली बैग बन जाए तो यह नवाचार (Innovation) है।

पहली बार बिना केबल के बात करने के लिए मोबाइल फोन बनाए गए होंगे, इसलिए हम उन्हें आविष्कार कहते हैं, वह फ़ोन कॉल और मेसेज के अलावा ज़्यादा कुछ नहीं कर सकते थे, लेकिन अब जब स्मार्टफोन आ गये है, जिनसे आज हम फोटो, वीडियो, इंटरनेट आदि

इस्तेमाल कर सकते हैं, जिसकी वजह से स्मार्टफोन ज्यादा उपयोगी हो जाते हैं, इन्हें हम फ़ोन में हुआ नवाचार कह सकते हैं।

बाकी की पुस्तक में मैं आविष्कार एवं नवाचार कि जगह सिर्फ नवाचार ही लिखूँगा, 'आविष्कार' को आप 'नवाचार' में ही समाहित मान सकते है।

खैर, हमें तो यह समझना है की नवाचार हमारी लागत को कम करने और हमारी वस्तु एवं सेवाओं की विक्रय मूल्य को बढ़ाने में किस प्रकार से मदद कर सकते है ?

जब मैं नवाचार के बारे में कहता हूँ तो मेरा अर्थ होता है वस्तु को पहली बार बनाने से लेकर उपभोक्ता तक पहुँचाने तक हर स्तर पर नवाचार करने की।

नवाचार चीजों को बेहतर बनाता है और कुल मिलाकर उद्यमी (Entrepreneur) और उपभोक्ता (Consumer) दोनों ही को लाभ पहुँचाता है। हम विस्तार से समझते कि कैसे नवाचार अधिक लाभ और बिजनेस सफलता की कुंजी है।

सबसे पहले हम यह समझ लेते हैं कि बिजनेस में वह कौन से क्षेत्र और स्तर है जहाँ पर नवाचार किया जा सकता।

यह है वे क्षेत्र एवं स्तर जहाँ पर एक बिजनेस नवाचार कर सकता है :-
1. उत्पाद एवं सेवाओं में नवाचार
2. बिजनेस मॉडल में नवाचार

3. प्रोडक्ट/सर्विस बनाने की प्रक्रिया में नवाचार

4. मार्केटिंग और ब्रांड बिल्डिंग में नवाचार

5. ग्राहक अनुभव में नवाचार

इनके अलावा भी व्यापार व्यवसाय में कई क्षेत्र हो सकते हैं जहाँ नवाचार किया जा सकता है परंतु मैंने उन्ही क्षेत्रों को लिया है जहाँ पर किये गए नवाचार का सबसे अधिक सकारात्मक प्रभाव होता है । वास्तव में एक उद्यमी (Entrepreneur) को हर स्तर पर अक्षमता (Inefficiency) की तलाश करते रहना चाहिए और नवाचारों द्वारा उनमें सुधार करना चाहिए ।

अब हम एक-एक करके हर स्तर पर किए जा सकने वाले नवाचारों के बारे में विस्तार से चर्चा करेंगे । वह क्या होता है ? वह किस प्रकार से बिजनेस को प्रभावित करता है ? किन कंपनियों ने उस क्षेत्र में अच्छे नवाचार किए हैं जिनका उन्हें काफी लाभ हुआ ? आदि ।

चलिए शुरू करते हैं ।

1. उत्पाद एवं सेवाओं में नवाचार

क्या होता है उत्पाद एवं सेवाओं में नवाचार ?

हर एक वस्तु एवं सेवाओं का लक्ष्य किसी न किसी समस्या का हल करना है । अगर ऐसी कोई समस्या आती है जिसको अभी तक हल नहीं किया गया हो अथवा उपलब्ध समाधान इतने कार्य-कुशल (Efficient) ना हो और अगर कोई व्यक्ति ऐसी कोई नई वस्तु बनाता हैं जिससे यह समस्या हल हो जाए या फिर कार्य-कुशलता (Efficiency) बढ़ जाए, तो इस नवाचार को हम उत्पाद एवं सेवाओं

में किया गया नवाचार कहेंगे ।

पहले हमें बिजली का बिल भरने के लिए विद्युत विभाग के ऑफिस में लाइन बनाकर खड़े रहना पड़ता था, परन्तु आज हम पेटीएम जैसे एप्स की मदद से फोन से ही बिल भर सकते हैं । पेटीएम को एक उत्पाद एवं सेवाओं का नवाचार कहा जा सकता है ।

नए और नवाचार वाले उत्पादों के निर्माण में अक्सर अत्याधुनिक तकनीक का इस्तेमाल होता है जो अकसर जीवन जीने के तरीके को ही बदल देते है।

एक बिजनेस के सभी क्षेत्रों में से उत्पाद एवं सेवाओं में किया गया नवाचार सबसे अधिक प्रभाव डालता है । उत्पाद ही किसी बिजनेस की सफलता का केंद्र बिंदु होता है । अगर प्रोडक्ट अच्छा है कई बार सामान बिकवाने के लिए मौखिक प्रचार (Word of Mouth Publicity) ही काफी होती है । और अगर प्रोडक्ट ही अच्छा ना हो तो कितनी भी मार्केटिंग, पब्लिसिटी कर लो कुछ काम नहीं आता ।

तो समझते हैं वस्तु एवं सेवाओं में किया गया नवाचार किस प्रकार से मार्जिन एवं लाभ को बढ़ाता है ?

सबसे पहली चीज तो यही है कि **नवाचार से लागत में कटौती होती है ।**
नई तकनीक पुरानी तकनीकों की तुलना में अधिक कुशल (Efficient) होती है और इस प्रकार विनिर्माण (Manufacturing) लागत में बचत होती है ।

उदा. पहले रॉकेट का इस्तेमाल सिर्फ एक ही बार किया जा सकता था, जिस वजह से अंतरिक्ष में सैटेलाइट भेजना काफी महंगा था। स्पेसएक्स ने पुनः प्रयोग किए जा सकने वाले (Reusable) रॉकेट विकसित करके एयरोस्पेस उद्योग में क्रांति ला दी है।

दूसरा, नवाचार से उत्पाद या सेवा का मूल्य और महत्व कई गुना बढ़ जाता है। (Innovation adds a lot of value.)
नवाचार हमें कम मूल्य के कच्चे माल को उच्च मूल्य के उत्पादों में बदलने में मदद करता है। उदाहरण के तौर पर; बालू रेत की बहुत ज्यादा कीमत ना हो परंतु जब इससे सेमीकंडक्टर चिप्स बना दी जाती है तो उनका मूल्य एवं महत्व कई गुना बढ़ जाता है।

तीसरा, नवाचार उत्पाद के पर्सीव्ड वैल्यू को बढ़ा देता है।

पर्सीव्ड वैल्यू क्या होती है उसे थोड़ा समझते हैं।
किसी भी उत्पाद या सेवा की कोई निश्चित और स्थिर कीमत नहीं होती। उनकी कीमत इस बात पर निर्भर करती है कि हम इंसान उस विशेष उत्पाद या सेवा को उस समय कितना मूल्यवान मानते हैं। उदाहरण के तौर पर आपके घर पर एक लीटर पानी की कीमत शायद बहुत ज्यादा ना हो, परंतु ट्रेन में उसकी कीमत ₹15-20 हो जाती है, सिनेमाघर में उसकी कीमत ₹70 हो जाती है, और वहीं सुनसान रेगिस्तान में उसकी कीमत लाखों हो जाएगी।

पर्सीव्ड वैल्यू वह मूल्य है जो कोई ग्राहक किसी उत्पाद या सेवा का मानता है, यह मूल्य उस ग्राहक की व्यक्तिगत राय पर आधारित होता

है। पर्सीव्ड वैल्यू ही वह अधिकतम मूल्य है जो एक ग्राहक किसी वस्तु के लिए देने को तैयार होता है।

पर्सीव्ड वैल्यू किसी वस्तु को बनाने की लागत शुल्क से अलग होती है। एक लग्जरी कंपनी को एक हैंडबैग बनाने के लिए हो सकता है दो-तीन हजार का खर्चा भी ना आया हो, लेकिन क्योंकि उस पर फलाना कंपनी का लोगों लगा हुआ है, इस वजह से कई लोग उसके लिए लाखों देने के लिए तैयार भी हो जाते हैं। यह जो लाखों वाली कीमत है, इसी को इस हैन्डबैग की पर्सीव्ड वैल्यू कहा जाता है। जो लोग इस हैंडबैग को खरीदते हैं उन्हें इस हैंडबैग को खरीदने से खुशी और संतुष्टि मिलती होगी। यह खुशी और संतुष्टि ही वह कारण है जिसकी वजह से वे लोग उस हैंडबैग की लाखों रुपए की कीमत को उचित समझते हैं।
आसान शब्दों में कहे तो पर्सीव्ड वैल्यू वह अधिकतम मूल्य है जो कोई ग्राहक किसी उत्पाद या सेवा के बदले देना उचित समझता है।

नवाचार से बने उत्पादों की पर्सीव्ड वैल्यू बहुत अधिक होती है। क्योंकि अगर किसी समस्या का समाधान उपलब्ध न हो और उस स्थिति में एक ऐसा नया प्रोडक्ट या सर्विस बना लिया जाए जो उस समस्या को हल कर दे, तो लोगों की नजर में उस प्रोडक्ट की कीमत बढ़ जाती है।

जब एक नया इन्नोवेटिव प्रोडक्ट बाजार में आता है, तो यह नयी चीजें स्वतः ही लोगों को अपनी ओर आकर्षित करती है, इसे लोग अधिक कीमत पर भी खरीदने को तैयार हो जाते हैं, चाहे कंपनी के लिए बनाने की लागत काफी कम रही हो और इसी वजह से कंपनी को

ज्यादा मार्जिन प्राप्त होता है।

कुछ वर्ष पहले जब एप्पल अपने फोन में बहुत धमाकेदार इनोवेशन कर रहा था नया आईफोन लॉन्च होते ही लोग एप्पल स्टोर के बाहर लाइन लगा देते थे।

इनोवेशन(नवाचार) हमें मजबूत और टिकाऊ प्रोडक्ट्स बनाने में मदद करता है। यह भावना कि यह वस्तु ज्यादा टिकेगी, उससे भी पर्सीव्ड वैल्यू बढ़ जाती है।

इनके अलावा एक और कारण है जिस वजह से इन्नोवेटिव प्रोडक्ट ज्यादा मार्जिन देते है। यह थोडा अनैतिक लग सकता है परन्तु चुँकि यह होता है इसलिये मैं बता रहा हूँ। जब टेक्नोलोजी की मदद से उच्च स्तर की प्रोसेसिंग की जाती है, और कच्चे माल को अंतिम उत्पाद में बदल दिया जाता है, तो औसत उपभोक्ता के लिए इनपुट लागत का अनुमान लगाना असंभव हो जाता है। और इसी वजह से उपभोक्ता उन वस्तुओं की पर्सीव्ड वैल्यू को लागत शुल्क से कहीं अधिक आँकलन करता है।

उदा. के तौर पर जो फ्लैगशिप फोन अथवा टेबलेट ₹80,000 पर लॉन्च हुए थे, दो-तीन साल बाद उन्हें आप ₹40000 में खरीद सकते हैं। ₹40,000 में भी वह कंपनी अच्छे खासे प्रोफिट मार्जिन पर ही बेच रही है। जिसका अर्थ यही है कि, लागत कीमत ₹40000 से भी कम रही होगी। परंतु जिन भी लोगों ने इसे ₹80,000 पर खरीदा था, वह इस वजह से क्योंकि उन लोगों के लिए उस समय उस वस्तु की पर्सीव्ड वैल्यू ₹80,000 ही थी। इसी वजह से उन्होंने उस वस्तु को

₹80,000 देकर भी खरीदा।

इसका एक मुख्य कारण तो यह ही है कि एक सामान्य उपभोक्ता को नहीं पता कि स्मार्टफोन को बनाने के लिए कितनी लागत लगती है। और इसी चीज का फायदा यह कंपनियाँ उठाती है।

इसके अलावा जो भी नयी तकनीक का इस्तेमाल किया गया हो, जो भी नए फीचर्स यह कंपनियाँ इन फोन में लेकर आती है, उनकी वजह से लोग इन फोन की पर्सीव्ड वैल्यू को ज्यादा आँकते हैं और ₹80000 भी देने की तैयार हो जाते है।

परन्तु दो-तीन साल बाद यही फीचर्स पुराने हो जाते हैं और उनके लिए कोई उपभोक्ता अधिक शुल्क देने को तैयार नहीं होता है, इसी वजह से फिर कंपनियाँ इन स्मार्टफोन की कीमत को घटा देती है, 2-3 साल बाद अब उपभोक्ता उस वस्तु की कीमत को ₹80000 नहीं आँकता है (पर्सीव नहीं करता है)।

इसी वजह से यह कंपनियाँ लगातार नवाचार करके ऐसे प्रोडक्ट बनाती हैं जिनकी पर्सीव्ड वैल्यू उनकी लागत शुल्क से काफी ज्यादा होती है, और इसी वजह से वह अधिक मार्जिन कमाती है, जो कि बिना नवाचार और कम तकनीकी उत्पादों के लिए संभव नहीं है। उदाहरण के तौर पर गेहूँ का आटा। इसके बारे में अधिकतम लोग जानते हैं कि यह कैसे बनता है और इसकी कीमत कितनी है। इसके साथ बहुत कुछ नया नहीं किया जा सकता। और इसी वजह से गेहूँ के आटे की पर्सीव्ड वैल्यू उसके लागत शुल्क से बहुत अधिक नहीं होती। और इसी वजह से बहुत अधिक मार्जिन इसमें नहीं कमाया जा सकता।

भारत में घरों में इस्तेमाल होने वाली 45ml की मच्छर भगाने वाली मशीन की रिफिल ₹80 में आती है। हमें भी लग रहा होता है कि हाँ इसमें कुछ जादुई केमिकल होगा। और इसी वजह से हम उसकी कीमत ₹80 पर्सिव करते है (आँकते हैं)।

परंतु अगर आप उसकी सामग्री (Ingredients) पढ़ेंगे तो आप पाएंगे, इसमें 96.4% तो केरोसिन ही है। 1% प्रतिशत परफ्यूम है और 1-2% प्रतिशत मच्छर भगाने वाला केमिकल है।
पूरी गणित करने पर हम समझते हैं कि एक रिफिल को बनाने में अधिकतम 10 से 15 रुपए लगते होंगे।

ऐसा ही इत्र(परफ्यूम) के उद्योग में होता है, किसी को क्या ही मालूम इसकी लागत शुल्क क्या है ? परफ्यूम अच्छा हो तो हर कीमत जायज है।

चौथा, नवाचार ही अद्वितीय (Unique) प्रोडक्ट्स बना सकता है। नवाचार से कंपनी के लिए बौद्धिक संपदा (Intellectual Property) (IP) बनती है।

बौद्धिक संपदा से तात्पर्य किसी व्यक्ति या कंपनियों को उनके बौद्धिक रचना पर दिए गए कानूनी अधिकारों से है। यह अधिकार रचनाकारों को एक निश्चित अवधि के लिए उनकी रचना के उपयोग, वितरण और व्यवसायीकरण(Commercialisation) पर विशेष नियंत्रण प्रदान करते है।
बौद्धिक संपदा वह है जो किसी व्यक्ति की मौलिक रचना है। अधिकांश मामलों में इसका नवाचार या आविष्कार होता है। यह

पेटेंट, कॉपीराइट, ट्रेडमार्क, ट्रेड सिक्रेट और डिजाइन आदि के रूप में हो सकता है।

उदाहरण के तौर पर एक इलेक्ट्रॉनिक प्रोडक्ट के लिए उसकी बौद्धिक संपदा उसका सर्किट डायग्राम हो सकता है। एक मोबाइल फोन एप्स या सॉफ्टवेयर के लिए उसका कोड, एक साबुन के लिए उसका रासायनिक फार्मूला, एक कार के लिए उसकी डिजाइन, एक कवि के लिए उसकी कविताएं आदि को आप बौद्धिक संपदा कह सकते हैं।

बौद्धिक संपदा से मिलने वाले लाभ यह हैं कि एक बार जब आपके पास किसी प्रोडक्ट के लिए पेटेंट या कॉपीराइट हो जाता है, तो अन्य लोग उसका उपयोग नहीं कर सकते। उन्हें स्वयं के लिए वैसी चीजों का आविष्कार ही करना पड़ता है। या तो वे आविष्कार नहीं कर पाएंगे या फिर उन्हें समय लगेगा। और इसी वजह से आप पाएंगे की जिन भी प्रोडक्ट्स में अत्यधिक तकनीक का इस्तेमाल होता है वहाँ प्रतिस्पर्धा (Competition) कम है।

उदा. के तौर पर, अगर मैं अचानक से लैपटॉप बनाने की कंपनी बनाना चाहूँ, और मुझे कुछ भी नहीं आता हो, ऐसे में सब कुछ सीखने में; चीप से लेकर, डिजाइन और सर्किट बनाने में मुझे काफी समय लग जाएगा।

वहीं अगर मुझे एक भुजिया (नमकीन) कंपनी शुरू करनी हो तो उसके लिए आपको सिर्फ कुछ हलवाई और बाजार से कुछ सामान की जरूरत है।

इसीलिए हमारे पास कोई भारतीय कंपनी लैपटॉप बनाने वाली नहीं है,

बल्कि सैकड़ो नमकीन कंपनियाँ है।

इसके अलावा अगर हम नवाचार की मदद से एक अद्वितीय (Unique) प्रोडक्ट बनाने में सफल हो जाते हैं, और क्योंकि उस प्रोडक्ट की बौद्धिक संपदा हमारे पास है इस वजह से हम उसके एकमात्र आपूर्तिकर्ता (Supplier) बन सकते है। आप एकाधिकार बना सकते हैं। अगर आप एकाधिकार ना भी बना पाए तो भी आविष्कार और नवाचार आपकी मदद करते हैं ऐसे प्रोडक्ट बनाने में जो उनकी श्रेणी में सर्वश्रेष्ठ हो। और इसी वजह से आप अपने प्रोडक्ट्स को अधिक कीमत पर बेच सकते हैं।
उदाहरण के तौर पर गूगल सर्च इंजन। जो कि अपने आप में काफी इन्नोवेटिव प्रोडक्ट है और उन्होंने वर्षों तक इस इनोवेशन को जारी रखा है, इस वजह से आज गूगल बाकी सारे सर्चइंजन में सबसे ज्यादा प्रयोग में लाया जाने वाला सर्चइंजन है।

मार्जिन बढ़ाने के अलावा भी नवाचार और आविष्कारों के अन्य लाभ हैं -

1. किसी समस्या का समाधान उपलब्ध न हो और हम अगर वह समाधान बना ले तो हमारे लिए बाजार में प्रवेश पाना आसान हो जाता है। कई बार तो आविष्कार स्वयं उनके लिए बाजार बना लेते हैं। आविष्कारों एवं नवाचारों की मदद से बिजनेस शुरू करना आसान हो जाता है। और कंपनी रफ़्तार भी बहुत जल्दी पकड़ लेती है।
उदाहरण के तौर पर ChatGPT, जो तकनीकी रूप से एक उन्नत उत्पाद है, यह बहुत सारे काम करता है, रातों-रात प्रसिद्ध हो गया। यहाँ पर हम जीरोधा का उदाहरण भी ले सकते हैं। जिन्होंने स्टॉक

ट्रेडिंग को आसान बनाया और आज वे काफी लाभ कमा रहे हैं।
2. तकनीकी बौद्धिक संपदा किसी क्षेत्र में अन्य कंपनियों के लिए प्रवेश में बाधा भी बनती है।

उदाहरण के तौर पर माइक्रोसोफ्ट के पास उनके विंडोज ऑपरेटिंग सिस्टम की बौद्धिक संपदा है, और इसी वजह से कोई अन्य कंपनी उनके कोड, डिजाइन का इस्तेमाल नहीं कर सकती। अगर कोई अन्य कंपनी कंप्यूटर का ऑपरेटिंग सिस्टम बनाना चाहती है तो उन्हें अपने लिए अलग से ऑपरेटिंग सिस्टम बनाना होगा और इसके लिए उन्हें काफी निवेश करना पड़ेगा, इसके बाद भी कोई गारंटी नहीं है कि वह ऑपरेटिंग सिस्टम विंडोज के आगे टिक पाए।

3. नवाचार से आप बाजार में बने रहते हैं। जिन कंपनियों ने नवाचार नहीं किया वह उन कंपनियों द्वारा हटा दि गई जो नवाचार कर रही थी। नोकिया, ब्लैकबेरी, कोडेक आदि आज बाजार से बाहर है।

4. नवाचार हमें एकाधिकार (Monopoly) और द्वैधाधिकार (Duopoly) को नष्ट करने में मदद करता है। काफी लंबे समय से भारत में हैंड वॉश बाजार पर दो कंपनियों का कब्जा था जो अपनी हैंड वॉश रिफिल को 60 से 80 रुपए में बेचते थे। वही गोदरेज अपना ₹15 का हैंड वॉश पाउडर लेकर आया और सभी लाइन में आ गए।

यही नवाचार की शक्ति है।

नवाचार- समृद्धि का सर्वोत्तम मार्ग

मैं आपको एक कहानी बताता हूँ। यह एक भारतीय उद्यमी करसन भाई पटेल की कहानी है। निरमा कंपनी के संस्थापक जिन्होंने भारत

के डिटर्जेंट बाजार में एक किफायती प्रोडक्ट लाकर क्रांति ला दी।

करसन भाई पटेल का जन्म 1945 में रूपपुर गुजरात में एक किसान परिवार में हुआ।उन्होंने रसायनशास्त्र (Chemistry) की पढ़ाई करी और अपने करियर की शुरुआत सरकारी विभाग में एक लैब टेक्नीशियन के तौर पर करी। करसन भाई ने देखा कि बाजार में उपलब्ध डिटर्जेंट काफी महंगे हैं और गरीब एवं मध्यमवर्गीय परिवारों के बजट से बाहर है। उन्होंने अपने केमिस्ट्री के ज्ञान का प्रयोग करते हुए सस्ता डिटर्जेंट पाउडर बनाया और उसको नाम दिया "निरमा"।

करसन भाई ने साइकिल से घर-घर जाकर डिटर्जेंट को ₹3 प्रति किलो में बेचा। उस समय सर्फ जैसे स्थापित ब्रांड अपना डिटर्जेंट पाउडर 13 रुपए प्रति किलो में बेचते थे। उत्पाद ने अपनी वाजिब कीमत और गुणवत्ता के कारण शीघ्र ही लोकप्रियता प्राप्त कर ली। वर्ड ऑफ़ माउथ पब्लिसिटी (मौखिक प्रचार) और आकर्षक विज्ञापन ("सबकी पसन्द निरमा ") ने ब्रांड को बाजार में स्थापित कर दिया। पटेल को हिंदुस्तान युनिलीवर जैसी बहुराष्ट्रीय कंपनी (MNCs) से प्रतिस्पर्धा करनी पड़ी। संसाधनों की कमी के बावजूद उन्होंने लागत को कम रखने, बहुतायत में उत्पादन करने एवं भारत के गाँवों-कस्बों तक अपने डिटर्जेंट की उपलब्धता सुनिश्चित करने पर ध्यान केंद्रित किया। 80 के दशक में निरमा घर घर का नाम बन गया था। बाद में करसन भाई ने साबुन, कॉस्मेटिक और शिक्षा के क्षेत्र में भी विस्तार किया।

डॉ. करसन भाई पटेल की कहानी बताती है कि किस प्रकार विज्ञान, तकनीक और इंजीनियरिंग का ज्ञान नवाचार एवं बिजनेस सफलता

दिलाता है। करसन भाई ने एक आम समस्या को हल करने के लिए प्रोडक्ट बनाया, इससे न केवल एक सफल बिजनेस शुरू हुआ बल्कि उन्हें काफी धन संपदा भी मिली।

आपको कई सफल उद्यमियों की कहानियों में यही पैटर्न देखेगा। उन्होंने किसी समस्या को देखा और उस समस्या को हल करने के लिए अपने ज्ञान की मदद से एक इन्नोवेटीव समाधान ढूंढा और उस समाधान के आधार पर एक सफल बिजनेस की स्थापना करी। चाहे वह मार्क जुकरबर्ग हो, एलन मस्क हो, नारायण मूर्ति हो या जेफ बेजोस।

हमारे पास हमेशा कोई न कोई समस्या रहेगी। अगर हम तकनीक का उपयोग करके इन समस्याओं को हल करने के लिए इन्नोवेटिव प्रोडक्ट और सर्विसेज बनाते हैं तो उन प्रोडक्ट और सर्विसेज के आधार पर सफलतापूर्वक बिजनेस बनाया जा सकता है।

अगर हम बनाने के लिए नया प्रोडक्ट नहीं भी ढूंढ पाते हैं तो भी अकुशलता (Inefficiency) की समस्या तो हमेशा बनी रहती है। उपलब्ध समाधानों (प्रोडक्ट एवं सर्विसेस) को और अधिक कुशल (Efficient) एवं किफायती दर पर बनाया जा सकता है। जैसे गोदरेज ने हैंड वॉश रिफिल की कीमत को काफी कम करने में मदद की, हम भी इस रास्ते को अपना सकते हैं। इस तरह के नवाचार अन्य क्षेत्रों में भी किया जा सकते हैं और कई सारे नए बिजनेस बनाए जा सकते हैं, जिनसे निश्चित रूप से समृद्धि आएगी।

चलिए अब अन्य क्षेत्रों के नवाचारों के बारे में चर्चा करते हैं।

जैसा कि मैंने पहले कहा उत्पाद एवं सेवाओं में किया गया नवाचार सबसे महत्वपूर्ण होता है और हमने चर्चा भी करी कि यह सबसे महत्वपूर्ण क्यों होता है। परंतु अक्सर हम ऐसे बिज़नेसेस से संपर्क में आते हैं जिनका प्रोडक्ट तो अपने प्रतिस्पर्धियों से बेहतर नहीं होता है परंतु चुँकि उन्होंने किसी अन्य क्षेत्रों में अद्भुत नवाचार किए होते हैं जिनकी वजह से वह सफल हो जाते हैं। इसलिये हमारे लिये इन्हें समझना भी अति महत्वपूर्ण हो जाता है।

तो चलिये समझते है बाकी क्षेत्रों के नवाचारों को।

बिजनेस मॉडल में नवाचार

(INNOVATION IN BUSINESS MODEL)

बिजनेस मॉडल वह ढांचा होता है जिसके जरिए कोई कंपनी यह तय करती है कि वह कैसे अपने उत्पाद या सेवाओं का निर्माण करेगी, उन उत्पादों सेवाओं को ग्राहकों तक पहुँचाएगी और उनसे पैसे कमाएगी।

बिजनेस मॉडल में नवाचार का मतलब है एक कंपनी के मौजूदा बिजनेस मॉडल को इस तरह से बदलना या सुधारना जिससे वह नये उत्पाद या सेवाएं प्रदान कर सके और बाजार में अपनी प्रतिस्पर्धात्मक स्थिति को बेहतर बना सके या नए तरीके खोजना जिससे कंपनी अधिक मुनाफा कमाए और ग्राहकों को बेहतर अनुभव दे। जैसे प्रोडक्ट का मूल्य बदलना, नई कमाई के रास्ते लाना या ग्राहकों से

जुड़ने के नए तरीके बनाना।

यहाँ कुछ नए और सफल बिज़नेस मॉडल दिए गए हैं:

1. सब्सक्रिप्शन मॉडल (Subscription Model)

ग्राहक प्रोडक्ट या सर्विस का इस्तेमाल करने के लिए बार-बार भुगतान करते हैं। **उदाहरण:** Netflix का सब्सक्रिप्शन मॉडल, जहाँ ग्राहक हर महीने कंटेंट स्ट्रीम के लिये भुगतान करते हैं।

फायदा: नियमित कमाई होती है और ग्राहक लंबे समय तक जुडे रहते हैं।

2. फ्रीमियम मॉडल (Freemium Model)

बेसिक सेवाएं मुफ्त दी जाती हैं, लेकिन एडवांस फीचर्स के लिए पैसे लिए जाते हैं। **उदाहरण:** Spotify का फ्री वर्जन (जिसमें ऐड होते हैं) और प्रीमियम वर्जन (बिना ऐड के)।

फायदा: कम लागत पर अधिक संख्या में ग्राहकों को आकर्षित करता है और कुछ को भुगतान करने वाले ग्राहकों में बदलता है।

3. रेज़र और ब्लेड मॉडल (Razor and Blade Model)

एक बेसिक प्रोडक्ट सस्ते में बेचा जाता है, और उससे जुड़े प्रोडक्ट से मुनाफा कमाया जाता है। **उदाहरण:** Gillette रेज़र और ब्लेड, प्रिंटर और इंक कार्ट्रिज।

फायदा: ग्राहक को सिस्टम से जोड़कर बार-बार कमाई होती है।

4. बंडलिंग (Bundling)

कई प्रोडक्ट या सेवाओं को एक साथ जोड़कर कम कीमत पर बेचा जाता है। **उदाहरण:** Microsoft Office (Word, Excel, PowerPoint)।

फायदा: ग्राहकों को अधिक वैल्यू मिलती है और बिक्री बढ़ती है।

5. प्लैटफ़ॉर्म (मार्केटप्लेस) मॉडल (Platform/Marketplace Model)

यह मॉडल दो या अधिक समूहों (जैसे खरीदार और विक्रेता) को जोड़ता है। **उदाहरण:** Airbnb (प्रोपर्टी मालिकों और यात्रियों को जोड़ता है), Zomato/Swiggy (रेस्तरां और ग्राहकों को जोड़ता है)

फायदा: कम लागत पर बड़े स्तर पर वृद्धि संभव है।

6. शेयरिंग इकोनोमी मॉडल (Sharing Economy Model)

इसमें उपयोगकर्ता सामान या सेवाओं को साझा करते हैं, जिससे व्यक्तिगत स्वामित्व की आवश्यकता कम हो जाती है।**उदा:** Uber, Rapido (राइड शेयरिंग)।

फायदा: कंपनियों के लिए कम निवेश, ग्राहकों के लिए कम लागत।

7. इकोसिस्टम क्रिएशन (Ecosystem Creation)

ऐसे प्रोडक्ट और सेवाएं बनाना जो एक-दूसरे को बेहतर बनाएं।

उदाहरण: Apple का इकोसिस्टम (iPhone, iPad, MacBook) और सेवाएं (iCloud, Apple Music)।

फायदा: ग्राहक कंपनी से लंबे समय तक जुड़े रहते हैं।

8. डायरेक्ट-टू-कंज्यूमर मॉडल (Direct-to-Consumer Model)

कंपनियाँ सीधे ग्राहकों को प्रोडक्ट बेचती हैं, बिना रिटेलर्स के।

उदाहरण: Dollar Shave Club का सब्सक्रिप्शन रेजर डिलीवरी मॉडल।

फायदा: बिचौलियों को हटाकर लागत घटती है और ग्राहक से

नजदीकी संबंध बनते हैं।

9. डायनामिक प्राइसिंग मॉडल (Dynamic Pricing Model)

प्रोडक्ट की कीमत माँग, प्रतिस्पर्धा और स्टॉक के आधार पर बदलती रहती है। **उदाहरण:** फ्लाइट की टिकटों की कीमतें।

फायदा: अधिक रैवेन्यू उत्पन्न करता है।

10. फ्रेंचाइज़ मॉडल (Franchise Model)

एक बिज़नेस अन्य लोगों को अपना ब्रांड, सिस्टम और प्रोडक्ट इस्तेमाल करने देता है, बदले में शुल्क लेता है।

उदाहरण: McDonald's, Subway, Domino's ।

फायदा: कम पूँजी निवेश में तेजी से विस्तार होता है।

11. लाइसेंसिंग मॉडल (Licensing Model)

एक कंपनी अपनी तकनीक, ब्रांड या आइडिया को दूसरों को उपयोग करने देती है और बदले में रॉयल्टी या शुल्क लेती है।

उदाहरण: Disney का अपने पात्रों (Characters) को मर्चेंडाइजिंग (Merchandising) के लिए लाइसेंस देना।

फायदा: निष्क्रिय आय (Passive Income) उत्पन्न होती है और बाजार का विस्तार होता है।

12. पीयर-टू-पीयर मॉडल (Peer-to-Peer Model)

लोग सीधे एक-दूसरे से जुड़कर लेन-देन करते हैं, प्लेटफार्म की सहायता से।

उदाहरण: LendingClub (पीयर-टू-पीयर लोन), Tinder ।

फायदा: समुदाय के संसाधनों का उपयोग करता है और ऑपरेशनल लागत कम करता है।

13. नेटवर्क इफेक्ट मॉडल (Network Effect Model)

जैसे-जैसे ज्यादा लोग किसी प्रोडक्ट का उपयोग करते हैं, उसका मूल्य बढ़ता है। **उदाहरण:** Facebook, WhatsApp, LinkedIn ।

14. हिडन रेवेन्यू मॉडल (Hidden Revenue Model)

मुख्य प्रोडक्ट या सर्विस मुफ्त में दी जाती है, लेकिन आय अप्रत्यक्ष रूप से होती है।

उदा: Google (फ्री सर्च लेकिन विज्ञापनों से आय), YouTube (फ्री कंटेंट लेकिन विज्ञापन और प्रीमियम सब्सक्रिप्शन से आय)

फायदा: बड़ी संख्या में उपयोगकर्ताओं को आकर्षित करता है और थर्ड-पार्टी साझेदारी से कमाई करता है।

15. पे-एज़-यू-यूज़ मॉडल (Pay-as-You-Use Model)

ग्राहक इस्तेमाल के आधार पर भुगतान करते हैं, न कि एक तय शुल्क

उदाहरण: Amazon Web Services (AWS), जो इस्तेमाल की गई कंप्यूटिंग पावर के आधार पर शुल्क लेता है।

फायदा: मूल्य-संवेदनशील ग्राहकों को आकर्षित करता है और संसाधनों का सही उपयोग करता है।

इनके अलावा भी कई और बिजनेस मॉडल है। चुंकि यह बिजनेस मॉडल पहले से ही काफी सारी कंपनियों द्वारा इस्तेमाल किया जा रहे हैं तो एक उद्यमी के तौर पर आपको आपकी जरूरत के हिसाब से नए बिजनेस मॉडल का नवाचार या आविष्कार करना पड़ सकता है।

इन बिज़नेस मॉडल इनोवेशन को अपनाकर कंपनियाँ अपनी प्रतिस्पर्धात्मक स्थिति को मजबूत बना सकती हैं, बदलते बाजार के

माहौल के लिये तैयार हो सकती हैं, और लंबे समय तक मुनाफा कमा सकती हैं। हर मॉडल अलग ज़रूरतों को पूरा करता है और कंपनियों को अपनी रणनीति को बाजार के अवसरों के साथ बेहतर ढंग से जोड़ने में मदद करता है।

प्रोडक्ट बनाने की प्रक्रिया में नवाचार

(PROCESS INNOVATION)

पहली बार प्रोडक्ट बनाने के बाद हमारा लक्ष्य होता है बहुतायत में उसका निर्माण करना एवं लोगों को उपलब्ध कराना। प्रोसेस इनोवेशन के माध्यम से हम कंपनी के आंतरिक कामकाजों, प्रक्रियाओं या तकनीकों को बेहतर बनाते है। यहाँ हमारा उद्देश्य काम की गति बढ़ाना, लागत कम करना, गुणवत्ता सुधारना या काम को अधिक कुशल (Efficient) बनाना होता है।

इस तरह की इनोवेशन में अक्सर नए उपकरणों को अपनाना, प्रक्रियाओं को स्वचालित(ऑटोमेट) करना आदि शामिल होता है, ताकि कुशलता (Efficiency) को बेहतर बनाया जा सके।

अगर लाभ बढ़ाने के नजरिये से देखें तो प्रोसेस इनोवेशन का योगदान लागत मूल्य को कम करने में होता है। यहाँ पर हम बहुत कुछ ऐसा नहीं कर सकते हैं जिसकी वजह से ग्राहक प्रोडक्ट के लिए ज्यादा धनराशि भुगतान करने के लिए तैयार हो जाए। लागत कम करके भी मार्जिन को तो बढ़ाया ही जा सकता है।

इस श्रेणी के नवाचार कुछ इस प्रकार हैं –

1. ऑटोमेशन

मैन्युअल(हाथ से किये जाने वाले काम) को मशीनों (रोबोट) या सोफ्टवेयर से कराना। ऑटोमेशन से तेजी से एवं कम लागत में काम होता है, और फैक्ट्री को 24 घंटे चलाया जा सकता है। ऑटोमोबाइल उद्योगों में मोटरसाइकल या कार को बनाने के लिये ऑटोमेटेड प्रोडक्शन लाइन इसका बेहतरीन उदाहरण है।

2. लीन मैन्युफैक्चरिंग (Lean Manufacturing)

लीन मैन्युफैक्चरिंग एक ऐसी कार्यप्रणाली है जिसका प्रयोग करके विनिर्माण (Manufacturing) में अपशिष्ट (Waste) को कम तथा उत्पादकता (Productivity) को बढ़ाया जा सकता है। लीन मैन्युफैक्चरिंग का उद्देश्य कार्यप्रवाह को बेहतर बनाकर, कार्यकुशलता में सुधार कर के और अनावश्यक प्रक्रियाओं को समाप्त कर के कम संसाधनों के साथ ग्राहकों के लिए अधिक वैल्यू का सृजन करना है।

(यदि आप उद्यमी बनने के बारे में गंभीर हैं तो लीन मैन्युफैक्चरिंग के बारे में विस्तार से पढ़े।)

लीन मैन्युफैक्चरिंग का जन्म टोयोटा प्रोडक्शन सिस्टम से हुआ है, और इसका उपयोग उद्योगों में लागत कम करने, गुणवत्ता सुधारने और बदलती माँगों पर तुरंत प्रतिक्रिया देने के लिए व्यापक रूप से किया जाता है।

3. सप्लाई चैन को सर्वोत्तम बनाना

सप्लाई चैन को बेहतर बनाकर हम यह सुनिश्चित कर सकते है कि कच्चा माल फैक्ट्री तक और अंतिम उत्पाद उपभोक्ता तक समय पर पहुँच जाये। सप्लाई चैन में मुंबई के डब्बावालों का इनोवेशन प्रसिद्ध है।

4. प्रक्रिया का मानकीकरण (Standardisation)

प्रोसेस स्टैण्डर्डाईजेशन का मतलब है किसी उद्योग में काम करने के तरीके को एक जैसा और तय नियमों के अनुसार बनाना। इसका लक्ष्य यह है कि हर बार एक ही तरह की गुणवत्ता और परिणाम मिले। इससे काम आसान, तेज और सटीक होता है, लागत कम होती है और काम बेहतर तरीके से किया जा सकता है।

उदा. के तौर पर मैकडॉनल्ड्स, उन्होंने सब कुछ फिक्स कर रखा है; कौन सी चीज कैसे बनेगी, किस चीज का इस्तेमाल कितनी मात्रा में करना है, आदि। इसी वजह से आप चाहे कहीं पर भी उनका बर्गर खाएं आपको लगभग एक ही प्रकार का स्वाद मिलेगा। कोई कर्मचारी छुट्टी पर चला जाए या नौकरी छोड़ के चला जाये, तो उसकी जगह आराम से दूसरा आ सकता है। ऐसा करने से एक आउटलेट से बढ़ाकर अगर दूसरा आउटलेट कहीं खोलना हो तो बहुत आसानी से खोला जा सकता है। आपको बस एक जगह के सिस्टम को दूसरी जगह कॉपी – पेस्ट करना है।

5. आर्टिफिशियल इंटेलिजेंस (AI) और डेटा एनालिटिक्स (DA)

AI और डेटा एनालिसिस की मदद से बाजार में प्रोडक्ट की माँग कितनी होगी उसका कुछ हद तक पूर्वानुमान लगाया जा सकता है। इसका उपयोग करके कंपनियाँ यह तय कर सकती है कि उन्हें कितना कच्चा माल खरीदना है एवं कितना उत्पादन करना है। इससे भंडारण की लागत और वस्तुओं के खराब हो जाने से होने वाला नुकसान को कम किया जा सकता है।

मैकडॉनल्ड्स पुराने डेटा, मौसम और स्थानीय आयोजनों के आधार पर माँग का पूर्वानुमान लगाने के लिए AI का उपयोग करता है और उस आधार पर प्रत्येक आउटलेट पर आवश्यकता अनुसार इन्वेंट्री

उपलब्ध कराई जाती है।

इनके अलावा भी कई और प्रोसेस इनोवेशन है जो कंपनी की लागत कम करने एवं एफ़िशिएंसी को बढ़ाने में मदद करते हैं। यहाँ कुछ लिखे है -

1. अपशिष्ट (Waste) में कमी करना

2. आउटसोर्सिंग एवं ऑफशोरिंग

3. अलग-अलग कार्यों के लिये संसाधनों (जगह, मशीनें, पूँजी, कर्मचारी आदि) का कुशल आवंटन

4. कर्मचारियों की दक्षता वृद्धि

5. पूर्वानुमानित रखरखाव

6. हाइब्रिड वर्क मॉडल

7. पारदर्शिता के लिए ब्लॉकचेन

Process Innovation पर ध्यान देकर, बिज़नेसेस बड़े पैमाने पर लागत को कम कर सकते हैं, अपना प्रोफिट मार्जिन बढ़ा सकते है। यह नवाचार उन कंपनियों के लिए खास तौर पर जरूरी है जो अपनी कार्यक्षमता को बढ़ाते हुए गुणवत्ता बनाए रखना चाहती हैं।

मार्केटिंग एवं ब्रांड बिल्डिंग में नवाचार

मार्केटिंग वह प्रक्रिया है जिसमें एक कंपनी के उत्पादों की बिक्री बढ़ाने हेतु उत्पादों का प्रचार-प्रसार एवं बेचना शामिल है। इसमें विज्ञापन, बिक्री और बाजार रिसर्च जैसी रणनीतियों का उपयोग किया जाता है ताकि व्यापार में वृद्धि हो सके।

ब्रांड बिल्डिंग का मतलब है कंपनी के लिए एक खास और विशिष्ट

पहचान बनाना । इसमें कंपनी के मूल्यों, संदेशों और ग्राहकों के अनुभवों पर ध्यान दिया जाता है ताकि ग्राहकों का विश्वास बना रहे और वे लंबे समय तक जुडे रहे ।

मार्केटिंग ग्राहकों को आकर्षित करती है, जबकि ब्रांड बिल्डिंग ग्राहकों से भावनात्मक जुड़ाव और विशिष्ट पहचान बनाती है, जो लंबे समय तक सफलता सुनिश्चित करती है ।

मार्केटिंग एवं ब्रांड बिल्डिंग में नवाचार करने के हमारे तीन मुख्य लक्ष्य है । हमारा पहला लक्ष्य होता है, कम से कम लागत में अधिक से अधिक लोगों तक पहुँचा जाये; अर्थात मार्केटिंग की लागत को कम रखा जाये ।

हमारा दूसरा लक्ष्य होता है, ग्राहक को लम्बे समय तक जोडे रखना । हालाँकि कोई ग्राहक दोबारा वही प्रोडक्ट खरीदेगा या नहीं खरीदेगा, यह बहुत ज्यादा इस बात पर निर्भर करता है कि उसे पहली बार में प्रोडक्ट पसन्द आया या नहीं । परन्तु यह भी सत्य है कि मार्केटिंग एवं ब्रांड बिल्डिंग एक भावनात्मक जुड़ाव बनाने में मदद कर सकते है ।

हमारा तीसरा लक्ष्य होता है ब्रांड को इस तरह से स्थापित करना कि हमारे प्रोडक्ट की पर्सिव्ड वैल्यू बढ़ जाये । जिससे प्रोडक्ट के लिये ग्राहक की भुगतान करने की इच्छा (Willingness To Pay (WTP)) बढ़ जाए है । इसकी वजह से प्रति नग बिक्री से प्राप्त होने वाला लाभ बढ़ जाता है ।

मार्केटिंग और ब्रांड बिल्डिंग वह क्षेत्र होता है जहाँ पर हम हमारी रचनात्मकता (Creativity) को अधिकतम स्तर तक इस्तेमाल कर सकते है। कंपनियाँ मार्केटिंग और ब्रांड बिल्डिंग में काफी सारी कुछ इनोवेटीव चीजें कर रही है जो हम भी कर सकते हैं।

वायरल कंटेट मार्केटिंग

वायरल कंटेट मार्केटिंग में ऐसे कंटेट को बनाया जाता है जिसे लोग अपनी इच्छा से शेयर करे। इसमें मिम्स, रील्स, ट्वीट्स, वीडियो आदि शामिल हैं। वायरल कंटेट मार्केटिंग में हमारा लक्ष्य होता है ऐसे कंटेट को बनाना जिसके माध्यम से लोगों को इमोशनली इंगेज किया जा सके, उनका मनोरंजन किया जा सके। इसके लिये अक्सर ह्युमर, कंट्रोवर्सी या ट्रेंडिंग टॉपिक का प्रयोग लिया जाता है। इस प्रकार का कंटेट बहुत कम समय में बहुत ज्यादा लोगों का ध्यान अपनी ओर खिंचता है। जिस वजह से ब्रांड के बारे में लोगों को जल्दी मालूम पड़ता है।

इन्नोवेटिव वायरल एड के कुछ उदाहरण –

1. इंपीरियल ब्लू के द्वारा बनाया गया "मैन विल बी मैन "

2. CRED द्वारा बनाया गया "इंद्रा नगर का गुंडा "

3. बोल्ड केयर का जोनी सिन्स के साथ बनाया गया एड

4. Zomato द्वारा लगाये गये बिलबोर्ड्स और उनके ट्वीट्स

5. फोग चल रहा है

6. अमूल कार्टून

सेकेंडरी कंटेंट द्वारा मार्केटिंग

सेकेंडरी कंटेंट से तात्पर्य ऐसे कंटेंट से है जो दर्शकों को कुछ सिखाता है, कुछ बताता है। यहाँ हमारा लक्ष्य समस्याओं को हल करने, प्रश्नों के उत्तर देने और विश्वास बनाने पर रहता है। ऐसा कंटेंट लोगों को लंबे समय तक जोड़े रखता है।

उदा.1. Varsity by Zerodha

2. WTF is Podcast by Nikhil Kamath (Zerodha)
3. The Barber Shop by Shantanu (Bombay shaving Company)
4. Design Tutorials by Canva
5. Running app by Nike & Addidas
6. Talks at Google
7. CRED curious by Kunal Shah

डिजिटल टारगेटेड एड

ऐडवरटाइजिंग इंडस्ट्री में एक बड़ा इनोवेशन है टारगेटेड एड। ये ऐसे ऑनलाइन विज्ञापन हैं, जो दर्शकों को उनकी खास जानकारी जैसे उम्र, लिंग, भाषा, शिक्षा, पसन्द-नापसन्द, स्थान आदि के आधार पर सीधा उनके फोन पर दिखाए जाते हैं। पारंपरिक (Traditional) विज्ञापन पूरी ऑडियंस को एक जैसा मेसेज भेजते हैं, चाहे वह प्रोडक्ट उनके लिये काम का हो या ना हो। टारगेटेड एड ज्यादा सटीकता (Precision) के साथ संभावित ग्राहकों तक पहुंचते हैं। ये विज्ञापन आमतौर पर फेसबुक, इंस्टाग्राम, गूगल, वेबसाइट्स या यूट्यूब जैसे प्लेटफॉर्म्स पर दिखाए जाते हैं।

टारगेटेड एड यूजर से अलग-अलग तरीकों से इकट्ठा किए गए डेटा के आधार पर दिखाए जाते हैं। इस डेटा के आधार पर, Google और

Facebook जैसी कंपनियाँ AI और Machine Learning का इस्तेमाल करती हैं ताकि सही एड सही यूजर दिखाया जा सकें।

टारगेटेड एडवरटाइजिंग क्रांतिकारी क्यों रही है ?

1. एफिशिएंसी में बढ़ोतरी: टारगेटेड एड सुनिश्चित करते हैं कि बिजनेस सही ऑडियंस तक पहुंचे। इससे एड खर्च कम होता है और इससे संभावित ग्राहक से ग्राहक बनने की भी संभावना बढ़ती हैं।

2. Personalization (व्यक्तिगत अनुभव): Ads को यूजर की पसंद और व्यवहार के हिसाब से डिजाइन किया जाता है, जिससे वे ज्यादा प्रासंगिक (relevant) और आकर्षक (engaging) लगते हैं।

3. Real-Time Optimization: कंपनियाँ लगातार विज्ञापन की पहुँच का विश्लेषण कर सकते हैं, जिससे कंपनियाँ रियल-टाइम में अपने प्रचार-प्रसार को बेहतर बना सकती हैं।

4. किफायती : छोटे और मीडियम बिजनेस भी बड़ी कंपनियों के साथ कंपटीशन कर सकते हैं, क्योंकि टारगेटेड एड से वे कम खर्च में भी उनके काम की ऑडियंस तक पहुँच सकते हैं। इसके अलावा टारगेटेड एड पर खर्च किये गये पैसे का ROI (Return on Investment) भी दूसरे माध्यमों से बेहतर होता है।

5. Scalability (विस्तार क्षमता): कैंपेन को आसानी से बड़ा या छोटा किया जा सकता है। ब्रांड्स टारगेटेड एड के जरिए दुनिया भर की ऑडियंस तक पहुँच सकते है।

6. टारगेटेड ऐड यूजर्स को कई प्लेटफ़ॉर्म्स पर फॉलो करती है। अगर संभावित ग्राहक फेसबुक से इंस्टाग्राम, इंस्टाग्राम से गूगल पर भी जाता है तो भी उसे वहाँ पर भी एक ही कंपनी का एडवर्टाइजमेंट दिखाया

जा सकता है।

पर्सनल ब्रांडिंग

पर्सनल ब्रांडिंग आज के समय में एक पावरफुल और इनोवेटिव स्ट्रैटेजी बन गई है, जो मार्केटिंग और कंपनी के ब्रांड को मजबूत बनाने में मदद करती है। जब किसी लीडर या खास पर्सनैलिटी की पहचान को कंपनी से जोड़ा जाता है, तो इससे कंपनी अपनी ऑडियंस से एक मजबूत कनेक्शन बना सकती है, भरोसा बढ़ा सकती है और मार्केट में खुद को अलग दिखा सकती है।

पर्सनल ब्रांडिंग का मतलब है किसी शख्स, जैसे कंपनी के CEO, फाउंडर या कंपनी के किसी खास सदस्य की पब्लिक इमेज को बनाना और प्रमोट करना। इसमें उनके एक्सपर्टीज़, वैल्यूज़ और पर्सनैलिटी को इस तरह दिखाया जाता है कि वह कंपनी की पहचान के साथ जुड़ी हुई लगे। इससे वह शख्स कंपनी का एक भरोसेमंद और रिलेटेबल चेहरा बन जाता है।

एलन मस्क की पर्सनल ब्रांडिंग उन्हें एक विज़नरी और रिस्क-लेने वाले इनोवेटर के रूप में दिखाती है, जिससे उनकी कंपनियों (जैसे Tesla और SpaceX) को बड़ा फायदा होता है। यह ब्रांडिंग उनकी कंपनियों में न सिर्फ भरोसा पैदा करती है, बल्कि मीडिया का अटेंशन भी खींचती है और कस्टमर्स, इम्प्लॉईज़ (कर्मचारी) और इन्वेस्टर्स के बीच लॉयल्टी बढ़ाती है

मस्क की पहचान एक ऐसे एंटरप्रेन्योर की है जो ग्लोबल चैलेंजेस, जैसे सस्टेनेबल एनर्जी और मंगल ग्रह पर जाने के लिये काम करता है। यह उनकी कंपनियों के लिए एक **विश्वसनीय छवि** तैयार करती है। इसी

वजह से टेस्ला कार का मालिक बनना कई लोगों को ऐसा अनुभव देता है जैसे वे एक क्रांतिकारी आंदोलन का हिस्सा बन रहे हों। इसके अलावा, एलन मस्क की पर्सनल ब्रांडिंग की वजह से टेस्ला को ट्रेडिशनल मार्केटिंग पर अपने कंपटिटर्स (प्रतिस्पर्धियों) के मुकाबले काफी कम खर्च करना पड़ता है।

पर्सीव्ड वैल्यू को बढ़ाने के लिए मार्केटिंग : -

अगर वायरल कंटेंट मार्केटिंग का उद्देश्य यह था कि अधिक से अधिक लोग हमारे ब्रांड और प्रोडक्ट्स को पहचानें, तो हमें अपनी रचनात्मकता (Creativity) का इस्तेमाल करते हुए यह सोचना होता था कि **अपना संदेश कहाँ और कैसे पहुँचाना है,** ताकि कम खर्च में अधिक लोगों तक संदेश पहुँचे।

लेकिन जब बात प्रोडक्ट की पर्सीव्ड वैल्यू को बढ़ाने की हो तो हमारा ध्यान इस बात पर केन्द्रीत होना चाहिये कि हम **संदेश में क्या कह रहे हैं**। ताकि उसी वस्तु के लिए ग्राहक की भुगतान करने की इच्छा (Willingness to Pay) को बढ़ाया जा सके।

यहाँ कुछ इन्नोवेटिव मार्केटिंग एवं ब्रांड बिल्डिंग के तरीके दिये गये हैं, जो उत्पाद की पर्सीव्ड वैल्यू को बढ़ाने में मदद करते हैं।

1. अपने प्रोडक्ट को स्टेटस सिंबल बनाना

उदाहरण: **रोलैक्स (Rolex)** ने स्वयं को सफलता,सोफिस्टिकेशन, और उपलब्धि का प्रतीक बना लिया है। यह एक ऐसा ब्रांड है जिसे लोग Status Symbol के रूप में अपनाना चाहते हैं।

2. Exclusivity and Scarcity (खासियत और कम उपलब्धता का एहसास)

उदा. नाईकी अपने लिमिटेड-एडिशन जूतों, जैसे Nike Air Jordan

की रिलीज़ के साथ एक जानबूझकर कमी का एहसास पैदा करता है। ये जूतें कम मात्रा में बनाए जाते हैं और स्नीकर्स के शौकीनों के बीच बेहद पॉपुलर होते हैं। इस एक्सक्लूसिविटी के जरिए प्रोडक्ट की पर्सिव्ड वैल्यू बढ़ जाता है।

3. विरासत

उदा - रोल्स रॉयस अपनी इंजीनियरिंग की उत्कृष्टता (Excellence) और शानदार कारीगरी (Craftsmanship) के इतिहास को अपनी मार्केटिंग में इस्तेमाल करता है। अपनी लक्ज़री, सटीकता और स्टेटस की कहानियाँ बताकर, ब्रांड को और ज्यादा डेसायरेबल (पसंदीदा) बनाता है।

4. कारीगरी या हस्तकला से ब्रांडिंग

उदा. Boss अपने ऑडियो प्रोडक्ट्स में बेहतरीन इंजीनियरिंग और छोटी-छोटी बातों पर भी ध्यान देता है। अपनी हाई-क्वालिटी साउंड और कारीगरी (Craftsmanship) के लिए मशहूर, Bose अपने आप को प्रीमियम साउंड के क्षेत्र में लीडर की तरह मार्केट करता है। इससे उनके स्पीकर्स और हेडफोन की पर्सिव्ड वैल्यू बढ़ जाती है।

5. Premium Pricing (उच्च कीमत की रणनीति)

उदा: Apple की प्रीमियम प्राइसिंग स्ट्रैटेजी उसे एक हाई-क्वालिटी और बेहतरीन ब्रांड के रूप में स्थापित करती है। ग्राहक इसके ज्यादा दाम को बेहतर टेक्नोलॉजी, डिज़ाइन और ब्रांड की प्रतिष्ठा (Prestige) से जोड़ते हैं

6. आईकॉनिक लोगो टैगलाइन आदि का प्रयोग

उदा . Nike ने अपने फेमस "Swoosh" लोगो और "Just Do It" स्लोगन के जरिए एक आइकॉनिक विज़ुअल आइडेंटिटी बनाई है। ये

एथलेटिक उत्कृष्टता और सशक्तिकरण के पर्याय बन गए हैं, जिससे ब्रांड की वैल्यू बढ़ती है।

7. मूल्य आधारित मार्केटिंग

उदा: Tesla का इलेक्ट्रिक व्हीकल्स (EVs) पर फोकस ऑटोमोबाइल इंडस्ट्री में क्रांति लेकर आया है। Tesla ने अपनी कारों को इको-फ्रेंडली होने के साथ-साथ हाई-परफॉर्मेंस, स्वचलित (Self-Driving) और इनोवेटिव कारों की तरह स्थापित किया है। जिस वजह से लोग उनकी कारों के लिये अधिक रुपये देने को भी तैयार हो जाते है।

ग्राहक अनुभव में इनोवेशन

1. Customisation (कस्टमाइज़ेशन):

Rolls-Royce अपने ग्राहकों को काफी सारे कस्टमाइज़ेशन के विकल्प देता है। ग्राहक अपनी कार के लिये अपनी पसंद का रंग, लकड़ी और इंटीरियर डिजाइन चुन सकते हैं, जिससे हर कार यूनिक बनती है। यह विशिष्टता अमीरों को आकर्षित करती है। यह स्ट्रेटजी इमोशनल कनेक्शन बनाती है और ब्रांड लॉयल्टी बढ़ाती है। जिस वजह से वे रोल्स-रॉयस वाले अपनी कारों की काफी ऊँची कीमत रख सकते है। इसी का नतीजा है ज्यादा प्रॉफिट मार्जिन और रिपीट बिज़नेस।

2. Personalisation (पर्सनलाइजेशन):

Amazon AI का इस्तेमाल करके ग्राहकों को उनकी ब्राउज़िंग और खरीदारी हिस्ट्री के आधार पर प्रोडक्ट्स सजेस्ट करता है। Netflix यूज़र्स की पसन्द के अनुसार फिल्में एवं टीवी शो रिकमेंड

करता है । ये रणनीतियाँ ग्राहकों की संतुष्टि को बढ़ाती हैं और उन्हें लम्बे समय तक जोडे रखती है । जिससे ज्यादा सेल होती है और सब्सक्रिप्शन के जरिए रिवेन्यू बढ़ता है ।

3. खरीद के बाद का अनुभव :

(i) सर्विसिंग: भारत में ओला का प्रोडक्ट अच्छा होने के बावजूद, अपनी खराब सर्विसिंग के कारण अक्सर खबरों में बना रहता है जिस वजह से उनसे ग्राहक दूर हो रहे हैं। अच्छी सर्विसिंग की सुविधा ब्रांड के प्रति वफादारी (Loyalty) को बढ़ाती है । ग्राहक अपने मित्रों एवं रिश्तेदारों में कंपनी की प्रशंसा करते हैं, जिस वजह से और अधिक सेल्स बढ़ती है ।

(ii) मरम्मत योग्यता (Repairability): कुछ प्रोडक्ट ऐसे होते हैं जो एक बार खराब हो जाए फिर ठीक नहीं होते है,जिस वजह से ग्राहक दूसरी बार इन प्रोडक्ट्स को नहीं खरीदता है । वहीं दूसरी ओर खराब होने पर जिन प्रोडक्ट्स की मरम्मत की जा सकती हो वह प्रोडक्ट लंबे समय तक चलते है जिस वजह से लोग उन्हें पसंद करते है । अन्य लोगों को भी वही खरीदवाते है एवं लंबे समय तक उसी ब्रांड से जुड़े रहते है । उदा . Fairphone का डिज़ाइन ऐसा है जिसे ग्राहक स्वयं अपने फोन के पार्ट्स बदल सकते है या रिपेयर कर सकते हैं । यह पर्यावरण के प्रति जागरूक ग्राहकों को पसंद आता है, **ई-वेस्ट** कम करता है और ब्रांड लॉयल्टी बढ़ाता है ।

(iii) ग्राहक सहायता: AI चैटबॉट्स और वर्चुअल असिस्टेंट जैसे इनोवेशन्स ने कस्टमर सपोर्ट को बदल दिया है । ये 24x7 उपलब्ध होते हैं और किफायती भी हैं ।

4. प्रोडक्ट का वर्चुअल ट्राय :- Lenskart, AI की मदद से अपने

चश्मों को फोन पर ही वर्चुअली ट्राई करा सकती है। ग्राहक चश्मा खरीदने से पहले देख सकते हैं कि वे चश्मा पहनने पर कैसे लगेंगे। यह सुविधा बढ़ाने के साथ ही ऑनलाइन सेल्स बढ़ाता है, खरीदने में झिझक को कम करता है और रिटर्न रेट घटाता है। इसका नतीजा है ज्यादा प्रोफिट और ग्राहक संतुष्टि।

5. समय पर डिलीवरी और आसान रिटर्न:

Amazon Prime तेज डिलीवरी और आसान रिटर्न्स उपलब्ध कराता है, जिससे ग्राहक संतुष्टि, ग्राहक संख्या और दोबारा खरीददारी बढ़ती हैं। Blinkit और Zepto जैसे प्लेटफॉर्म 10-20 मिनट में सामानों की डिलीवरी करके शहरी लोगों की जरूरत को पूरा करते हैं। इससे ज्यादा मात्रा में खरीदारी होती है।

6. Community Building (कम्युनिटी बिल्डिंग):

Royal Enfield अपने कस्टमर्स के साथ इमोशनल कनेक्शन बनाने के लिए इवेंट ऑर्गेनाइज करता है, बाइक राइडर्स का ग्रुप बनाता है। इससे कस्टमर्स के साथ मजबूत बॉन्ड बनता है और वे ब्रांड समर्थक बन जाते हैं।

सारांश

◆हम लागत शुल्क को काम करके एवं पर्सिव्ड वैल्यू को बढ़ाकर अधिक प्रोफिट मार्जिन प्राप्त कर सकते हैं।

◆यह दोनों लक्ष्य इनोवेशन करके प्राप्त किये जा सकते हैं।

◆हमने पांच प्रकार के इनोवेशन की चर्चा करी।

◆पहला, प्रोडक्ट या सर्विस में इनोवेशन जो मेरे हिसाब से सबसे महत्वपूर्ण है। नई तकनीक का इस्तेमाल करके हम ऐसे इन्नोवेटिव

प्रोडक्ट और सर्विसेज बना सकते हैं जो लागत शुल्क को कम करने और पर्सिव्ड वैल्यू को बढ़ाने में मदद कर सकते है। प्रोडक्ट और सर्विस में इनोवेशन की सहायता से हम बौद्धिक संपदा (Intellectual Property) वाले यूनिक प्रोडक्ट्स बना सकते हैं, जो हमें बाजार में आसानी से प्रवेश दिला सकते हैं,मोनोपोली बना सकते हैं, अन्य कंपनियों की मोनोपोली को समाप्त कर सकते हैं, बाजार में लंबे समय तक टिके रहने में हमारी सहायता कर सकते है और अन्य कंपनियों के प्रवेश में एक व्यवधान बन सकते हैं।

✦बिजनेस मॉडल में इनोवेशन ; जैसे सब्सक्रिप्शान मॉडल, फ्रीमियम मॉडल आदि रेवेन्यू और प्रोफिट बढ़ाने में हमारी मदद करते है।

✦प्रक्रिया इनोवेशन जैसे ऑटोमेशन, लीन मैन्युफैक्चरिंग, सप्लाई चैन में सुधार, प्रक्रिया स्टैंडर्डाइजेशन आदि हमारी लागत शुल्क को कम कर सकता है।

✦मार्केटिंग एवं ब्रांड बिल्डिंग में किया गया इनोवेशन जैसे कंटेंट मार्केटिंग, टारगेटेड एड, पर्सनल ब्रांडिंग आदि सेल्स को बढ़ाती है, पर्सिव्ड वैल्यू को बढ़ाती है एवं ग्राहकों को लंबे समय तक जोड़े रखती है।

✦ग्राहक अनुभव में किया गया इनोवेशन, जैसे कस्टमाइजेशन, पर्सनलाइजेशन, बेहतर सर्विसिंग सुविधा आदि ग्राहकों के अनुभव को बेहतर करती है और सेल्स और प्रोफिट को बढ़ाती है।

5

असमानुपाती आय के स्रोत

किताब की शुरुआत में हमने वेतनभोगी कर्मचारियों एवं स्वतंत्र प्रोफेशनल्स की बात करी थी कि किस प्रकार उनकी आय समय पर निर्भर होती है। उनकी आय समय के समानुपाती थी उसी को हमने समानुपाती आय कहा था।

इस पाठ में हम असमानुपाती आय के स्रोतों के बारे में बात करेंगे।

तो क्या है यह असमानुपाती आय के स्रोत ?

असमानुपाती आय के स्रोतों की कुछ विशिष्ट विशेषताएं इस प्रकार हैं-

(i) इन स्रोतों से प्राप्त होने वाली आय समय का फलन (Function) नहीं है, अर्थात समय आधारित नहीं है। कम से कम आप इतना तो कह ही सकते हैं कि यहाँ आय समय की रेखीय फलन (Linear Function) नहीं है।

आसान शब्दों में कहें तो इन स्रोतों से प्राप्त होने वाली आय,

"उस व्यक्ति ने प्रतिदिन कितने घंटे काम किया ?", "रोज काम किया या नहीं? ", " 8 घंटे काम किया या नहीं? "

इन बातों पर निर्भर नहीं करती।

(ii) आप 1 दिन में कितना कमा सकते हैं उसकी कोई ऊपरी सीमा

नहीं होती।

(iii) आपके द्वारा एक बार किया गया काम आपको बार-बार धन कमा के देता रहता है। चाहे आप बाद में काम करना बंद ही क्यों न कर दे। चाहे आप मर भी जाएं तो भी इन स्रोतों से आय होती रहती है।

(iv) यहाँ पर होने वाली आय आपके काम की गुणवत्ता (Quality) आपकी प्रोडक्ट/ सर्विसेज की माँग, आपकी मौलिकता (Originality), रचनात्मकता (Creativity), विशिष्टता (Uniqueness) पर निर्भर करती है।

असमानुपाती आय को हम उदाहरण की सहायता से और अच्छे से समझते हैं। यहाँ हम दो क्षेत्रों का उदाहरण लेंगे जो असमानुपाती आय का लाभ कमा रहे हैं।

1. बिज़नेसेस (व्यवसाय)

असमानुपाती आय के सबसे पुराने स्रोत बिज़नेस ही हैं। हम पहले ही चर्चा कर चुके हैं कि दिन में 24 घंटे की सीमा बिजनेसेस की आय को प्रभावित नहीं करती। इसके अलावा यह भी तथ्य है कि बिजनेसेस उद्यमी (Entrepreneur) को उसके द्वारा किए गए काम के लिए असमानुपाती रूप से प्रतिफल (Reward) देते है।
यह कैसे होता है ?

एक बिजनेस (उद्यम) की स्थापना की प्रक्रिया को देखकर हम इस चीज को और अच्छे से समझ सकते हैं।
एक बिसनेस को सफलतापूर्वक स्थापित करने के लिए बिजनेसमैन को

कई काम करने होते हैं, प्रमुख दो कामों की बात मैंने यहाँ करी है। ये वे काम है जिनके लिए एक उद्यमी (Entrepreneur) को असमानुपाती रिवार्ड मिलता है। एक-एक करके हम इन्हें समझते हैं।

1. शोध एवं अनुसंधान

(Research and Development) (R&D)

प्रोडक्ट ही किसी भी कंपनी के लिए सबसे महत्वपूर्ण अंग होता है। R&D में लगने वाली मेहनत उद्यमी एवं कंपनी को आविष्कार करके देती है। R&D से अमूर्त संपत्ति (Intangible Assets) जैसे कि पेटेंट्स, डिजाइन, केमिकल फार्मूला, सॉफ्टवेयर कोड, इलेक्ट्रॉनिक सर्किट आदि जन्म लेते हैं। यही आविष्कार उद्यमी एवं कंपनी को असमानुपाती आय देते हैं।

आविष्कार एवं नवाचारों के बारे में हम पहले ही काफी चर्चा कर चुके हैं कि किस प्रकार यह एक कंपनी को मजबूत स्थिति देते हैं। हालाँकि यहाँ मैं इस बात पर प्रकाश डालना चाहूँगा कि आविष्कार एवं नवाचारों के माध्यम से एक उद्यमी एवं कंपनी को लंबे समय तक किस प्रकार आय होती रहती है ?

उदाहरण के तौर पर कोका-कोला। 1875 में शुरू हुई कंपनी आज भी अपने उसी पुराने फार्मूले के दम पर अरबों रुपये कमा रही है।

कोका-कोला के फार्मूले को बनाने में लगने वाली मेहनत के मुकाबले आज तक उस फॉर्मूले से प्राप्त हुए रिटर्न का हिसाब अगर आप लगाएंगे तो आविष्कारों के सुपर पावर को सही महीना में समझ पाएंगे

कोका कोला के आविष्कारक द्वारा एक बार मेहनत करी गई और कंपनी आज डेढ़ सौ वर्षों बाद भी इसका फल प्राप्त कर रही है और आने वाले वर्षों में भी प्राप्त करती रहेगी। यही आविष्कारों की सुंदरता है।

इसलिए मैं कहता हूँ आपका मस्तिष्क एक सोने की खदान है। हमारा मस्तिष्क न सिर्फ हमें बिलियन डॉलर बिजनेस आईडिया देता है बल्कि हमें अमूर्त संपत्ति (Intangible Assets) को बनाने में भी मदद करता है, जो हमें करोड़ों की आमदनी कमा कर दे सकते हैं।

हमने पिछले पाठ में करसनभाई पटेल की चर्चा करी थी, अगर कोई व्यक्ति अमीर परिवार में पैदा नहीं हुआ हो, और उसके पास निवेश के लिए बहुत ज्यादा पूँजी ना हो, तो आविष्कार एवं नवाचार उसके लिए अमीर बनने का सबसे अच्छा साधन हो सकते हैं।

ऐसी ही कहानी दुनिया के सबसे अमीर शख्स एलन मस्क की भी है। उनकी कहानी इस बात का एक बेहतरीन उदाहरण है कि कैसे नवाचार धन प्राप्ति का मार्ग बन सकते है। 1995 में मस्क ने अपने भाई के साथ मिलकर पिता से कुछ पैसे लेकर और सीमित संसाधनों से 24 वर्ष की उम्र में जीप2 की शुरुआत करी थी। उनका आईडिया एक ऐसे सॉफ्टवेयर को बनाने का था जो समाचार पत्रों के लिए बिजनेस डायरेक्टरी और मानचित्र को ऑनलाइन लाता था। यह बात तब की है जब इंटरनेट बिल्कुल नया था, उस हिसाब से यह काफी इन्नोवेटिव सर्विस थी। पैसे बचाने के लिए दोनों भाई ऑफिस में ही रहते थे। कुछ समय बाद उन्हें न्यूयॉर्क टाइम से कांट्रेक्ट मिल गया। 1999 में कोंपेक ने जीप2 को 309 मिलियन डॉलर में खरीद लिया, जिससे

मस्क को 22 मिलियन डॉलर की आय हुई। इन्हीं पैसों की सहायता से आगे चलकर मस्क ने पेपल, टेस्ला और स्पेस एक्स जैसी कंपनियाँ खोली।

1995 में ऑफिस में ही सोने से लेकर 1999 में 22 मिलियन डॉलर यानी कि आज के 3500 करोड़ रुपये के बराबर संपत्ति का मालिक होना, यही बताता है कि दुनिया की जरूरत को पूरा करने के लिए आविष्कार एवं नवाचारों की सहायता से बनाए गए बिज़नेस एक उद्यमी को निश्चित रूप से अमीर बना सकते है।

आपको एक बार मेहनत करके एक क्रांतिकारी प्रोडक्ट बनाना पड़ता है जिसमें अधिक मार्जिन हो और फिर यह प्रोडक्ट तब तक पैसे कमा कर देता रहता है, जब तक बाजार में उसकी माँग हो। या जब तक की बाजार में हमारे प्रोडक्ट से बेहतर और सस्ता प्रोडक्ट ना आ जाए।

हालाँकि कंपनियों के अपने R&D डिपार्टमेंट होते हैं, जो प्रोडक्ट को और बेहतर बनाने में लगे रहते हैं। इसलिए ऐसा कहना कि आविष्कार एवं नवाचार एक बार की मेहनत है, यह कहना शत प्रतिशत सही नहीं होगा। क्यों की एक बार क्रांतिकारी प्रोडक्ट बनाने के बाद भी कंपनियों को निरंतर नवाचार करते रहना पड़ता है। उदाहरण के तौर पर कोडेक और नोकिया जो अपने समय की बादशाह थी परंतु समय के साथ नवाचार नहीं करने से बाजार से बाहर हो गई। इसलिए नवाचार निरंतर चलने वाली गतिविधि है।

परंतु यहाँ पर मैं इस बात पर प्रकाश डालने की कोशिश कर रहा हूँ कि आविष्कार एवं नवाचार बिजनेस की रीढ़ की हड्डी के समान है। इनमें

लगने वाली मेहनत, समय और धनराशि का ये कई-कई कई गुना रिटर्न देते हैं।

दुनिया के सारे अमीर राष्ट्र आविष्कारों एवं नवाचारों की शक्तियों को भली-भांति समझते हैं। कुछ राष्ट्र जैसे कि जर्मनी एवं ब्रिटेन अपनी जीडीपी का 4 से 5% शोध एवं अनुसंधान पर खर्च करते हैं। दुख की बात है कि भारत में हम अपनी जीडीपी का मात्र 0.6% ही शोध एवं अनुसंधान पर खर्च करते हैं। द *हिंदू* की एक रिपोर्ट के अनुसार वित्तीय वर्ष 2023 में भारत में 83,000 पेटेंट फाइल हुए।

वहीं दूसरी ओर World Intellectual Property Organisation के अनुसार अमेरिका में रहने वाले लोगों के द्वारा वर्ष 2023 में 5,18,364 पेटेंट फाइल हुये।

2. <u>उत्पादन एवं बिक्री की व्यवस्था</u>

सारा शोध एवं अनुसंधान करके अंतिम उत्पाद बनाने के बाद अगला कदम होता है कि इस प्रोडक्ट को बड़े पैमाने पर कैसे बनाया और बेचा जाए ?

अगर एक बिजनेसमैन के पास भी ऐसी कोई बाध्यता हो कि आप सिर्फ एक ही फैक्ट्री या सिर्फ एक ही बिजनेस खोल सकते हैं, तो एक बिजनेसमैन की आय भी सीमित ही होती। लेकिन हम जानते हैं एक बिजनेसमैन की आय के बढ़ने की संभावना का मूल कारण ही स्केल है।

अगर एक बिजनेसमैन के लिए भी ऐसी कोई बाध्यता होती कि

आपको आपकी फैक्ट्री या ऑफिस में उपस्थित रहना ही पड़ेगा, तो ही काम चलेगा। तो क्या वह स्केल कर पाता ? क्या वह कभी एक से दो,दो से चार, चार से आठ फैक्ट्रियाँ बना पाता ?

उत्तर है नहीं।

अगर ऐसा नहीं हो पाता तो आज हमें रिलायंस, अडानी और टाटा जैसे बड़े बिजनेस हाउस दिखते ही नहीं ?

तो यह लोग क्या करते हैं, जिस वजह से बिजनेस को स्केल किया जा सकता है ?

तो जिस वजह से यह लोग इतनी बड़ी कंपनी बना और चला पाते हैं, इसका मुख्य कारण है - उत्पादन एवं बिक्री के लिए की गई व्यवस्था (System)।

तो क्या है यह **उत्पादन एवं बिक्री का सिस्टम** ?

बड़े पैमाने पर वस्तु एवं सेवाओं का उत्पादन के लिए एक उद्योगपति/उद्यमी फैक्ट्रियाँ, मशीनें एवं कच्चा माल खरीदता है। एवं काम करने वाले लोगों की टीम बनाता है। जो उन फैक्ट्रियों में कच्चे माल से अंतिम वस्तु बनाते हैं।

अगला काम होता है इस वस्तु को बेचना। इस वस्तु/सेवा को बेचने के लिए एक मार्केटिंग एवं सेल्स की टीम भी बनाई जाती है। पदक्रम (Hierarchy) में मैनेजर्स रखे जाते हैं, ताकि यह उत्पादन एवं सेल्स का सिस्टम अच्छे से चलता रहे।

जहाँ तक इस सिस्टम में काम करने वाले लोगों के काम को देखा जाए तो उनका अधिकतम काम दोहराव (Repetitive) वाला होता है,

और इसके लिए कंपनियाँ ट्रेनिंग भी देती है। वेतनभोगी कर्मचारी (चाहे वे प्रोडक्शन या सेल्स टीम का हिस्सा है) एक उद्यमी के लिए उसका काम (Task) खत्म करने में मदद कर रहे हैं।

फिर जब यह सिस्टम एक बार स्थापित हो जाता है, तो उद्यमी का अगला लक्ष्य होता है, अपने आप को सिस्टम से अलग कर लेना। अर्थात ऐसी व्यवस्था बनाना जिससे वह सिस्टम उस उद्यमी के बिना भी चल सके।

वह कुछ लोगों को कुछ खास पदों पर स्थापित करता है जो उस सिस्टम को चलाएं। उदाहरण के लिए सीईओ एवं अन्य कार्यकारी अधिकारी (Executives). इनके माध्यम से उद्यमी यह सुनिश्चित करते हैं कि उसका सिस्टम बिना किसी व्यवधान के दिन-प्रतिदिन बिना उसके दखलंदाजी के स्वतः ही चलता रहे।

इसी को कहा जाता है, सिस्टम को ऑटो पायलट पर डालना।

एक बार सिस्टम की स्थापना के बाद उद्यमी या तो रिटायर हो जाता है अन्यथा अगर वह बहुत ही महत्वाकांक्षी (Ambitious) है, तो वह अपने बिजनेस के विकास एवं विस्तार (Growth and Expansion) पर ध्यान केंद्रित करता है।

इन दूसरे प्रकार के उद्यमियों का अगला लक्ष्य होता है कि, किस तरह से एक और फैक्ट्री खोली जाए, और उसे भी ऑटो पायलट पर डाल दिया जाए।

उनका लक्ष्य होता है कि किस तरह नए बाजारों में अपने सामान की बिक्री की जाए ? किस तरह से अन्य राज्यों एवं देशों में अपने व्यापार

को ले जाया जाए ? उदाहरण जैसे अमेजॉन कर रहा है।
या फिर उद्यमी का लक्ष्य अन्य क्षेत्रों में अपनी कंपनी खोलना का भी हो सकता है। उदाहरण मुकेश अंबानी।

तो आईडिया यह है कि एक बार अगर इस उत्पादन एवं बिक्री के सिस्टम की स्थापना हो जाए तो यह सीईओ और मैनेजर की सहायता से चलता रहता है और उद्यमी के लिए एक आय का स्रोत बन जाता है, चाहे स्वयं उद्यमी ने काम करना बंद ही क्यों न कर दिया हो।

समय के साथ जैसे-जैसे यह सिस्टम बड़ा होता रहता है वैसे-वैसे उद्यमी की आय भी बढ़ती रहती है। उदाहरण- 2015 में सुंदर पिचाई के गूगल का सीईओ बनते समय गूगल के एक शेयर की कीमत 32 डॉलर थी जो आज बढ़कर 162 डॉलर हो चुकी है। गूगल के संस्थापकों की आय भी इसी समय में 5 गुना हो गयी है।

इसके साथ ही एक उद्यमी अपने जीवन काल में एक से अधिक कंपनी (सिस्टम) भी बना डालता है। हम यहाँ सोच रहे होते हैं कि हमसे एक कंपनी नहीं खुल रही है, और यह आदमी कंपनी के बाद कंपनी खोलता जा रहा है।
हमें यह समझने की जरूरत है कि, जब एक बिजनेसमैन को यह बात समझ में आ जाती है कि किस तरह से एक के बाद एक कंपनी ऑफिस या फैक्ट्री को ऑटो पायलट पर डालकर स्वयं उसकी अनुपस्थिति में चलाया जा सकता है, तो वह मार्केट से कैपिटल उठाकर लोगों को रोजगार देकर, एक के बाद एक कंपनी खोलता रहता है एवं सभी कंपनियों से उसे आय होती रहती है।

इससे पहले की आप हतोत्साहित हो जाएं मैं आपको बता दूँ कि यह दोनों कार्य (प्रोडक्ट बनाना और उत्पादन एवं बिक्री के सिस्टम की स्थापना) इतने आसान नहीं है। यह दो ऐसे कार्य है जिसके लिए एक उद्यमी को कड़ी मेहनत करना पड़ती है। इस सिस्टम को स्थापित करने के लिए एक उद्यमी को जो भी कार्य करने होता है, उसकी जानकारी मैंने अगले अध्याय में दी है।

परंतु हम इतना जरूर कह सकते हैं कि एक उद्यमी के द्वारा प्रोडक्ट बनाने एवं उत्पादन एवं बिक्री के सिस्टम की स्थापना के लिए किए गए कार्य के बदले असमानुपाती रिटर्न (Disproportionate Returns) मिलते हैं।

असमानुपाती आय प्राप्त करने का दूसरा स्रोत

दुनिया में कई सारे औद्योगिक उत्पाद हैं। कार, इलेक्ट्रॉनिक गैजेट्स, बाइक्स, कपड़े, घड़ियाँ, केमिकल प्रोडक्ट्स जैसे साबुन, कॉस्मेटिक, आदि। और जब भी हम आविष्कारों एवं नवाचारों की बात करते हैं तो हमारे दिमाग में इसी प्रकार के कुछ भौतिक वस्तुओं की फोटो दिमाग में आती है। इन सभी के उत्पादन के लिए इंजीनियरिंग की अलग-अलग शाखाओं के ज्ञान की आवश्यकता होती है। कंप्यूटर साइंस इंजीनियरिंग से लेकर इलेक्ट्रिकल एंड इलेक्ट्रॉनिक्स इंजीनियरिंग, केमिकल इंजीनियरिंग, मैटेरियल साइंस, बायोटेक्नोलॉजी, नैनोटेक्नोलॉजी, मैकेनिकल इंजीनियरिंग आदि का महत्वपूर्ण योगदान रहता है।

परंतु पाठ के इस हिस्से में हम आविष्कारों एवं नवाचारों को विस्तृत नजरिये से देखेंगे। मेरे लिए जो कुछ भी मौलिक सृजन (Original Creation) है वह एक आविष्कार है। इसमें आपकी फिल्में, कहानियाँ, यूट्यूब वीडियो, कविताएं, गाने, किताबें, सॉफ्टवेयर का कोड, एक सर्किट डायग्राम, मोबाइल के एप्प आदि सब कुछ भी आते हैं। वह जो कुछ अद्वितीय (Unique) है, सब कुछ आविष्कार है। जहाँ तक औद्योगिक उत्पादों के उत्पादन की बात है, उसके लिए हमें फैक्ट्री, कच्चा माल, मशीनरी एवं मजदूरों की आवश्यकता होती है, वहीं यह जो दूसरे वर्ग के आविष्कार है (यूट्यूब वीडियो, गाने, किताबें, स्मार्टफोन एप्स, वेबसाइट आदि) इन्हें एक स्वयं अकेला व्यक्ति भी बना सकता है। इन लोगों को हम सही मायनों में सोलोप्रन्योर या रचनाकार, सृजक (Creator) आदि भी कह सकते हैं।

यह दूसरे वर्ग के आविष्कारों को बनाना ही हमारा असमानुपाती आय प्राप्त करने का दूसरा तरीका है।

आपका प्रश्न हो सकता है कि यह प्रोडक्ट्स असमानुपाती आय कैसे उत्पन्न करते हैं ?

हम एक उदाहरण से इस बात को समझ सकते हैं। मान लिया जाए आपने कविताओं की एक किताब लिखी। एक व्यक्ति आपकी किताब को पढ़ता है। एक व्यक्ति द्वारा आपकी कविता को पढ़ लेने से आपकी कविता की कोई हानि नहीं होती है, इसे एक लाख लोगों द्वारा और पढ़ा जा सकता है, उसके बाद भी एक करोड़ लोगों द्वारा और

पढ़ा जा सकता है। यह कविता अनंत लोगों द्वारा पढ़ी जा सकती है, और इसके बाद भी इसे कोई हानि नहीं होगी।

पब्लिशर को जरूर अलग-अलग पाठकों के लिए किताबें छापना पड़ सकती है। परन्तु आपको हर एक पाठक के लिए अलग से कविता लिखने की जरूरत नहीं है। आपने एक बार कविता लिख दी, इसके बाद यह किताब लाखों करोड़ों लोगों को बेची जा सकती है। अगर आप किताब को डिजिटल फॉर्मेट में बेचते है तो उसके लिए पब्लिशर को किताब बार-बार छापने की भी जरूरत नहीं है।

अर्थशास्त्र के शब्दों में कहूँ तो यहाँ पर कोई उत्पादन की सीमांत लागत (Marginal Cost of Production) नहीं है। आपने एक बार किताब लिखी और इससे बार-बार धन प्राप्त किया जा सकता है। आपने एक बार किताब लिखी, कोई व्यक्ति उसे खरीदता हैं तो आपको धनराशि प्राप्त होती है। आपको तब तक धनराशि प्राप्त होती रहती है, जब तक लोग आपकी किताब खरीद रहे हैं।

यह सुपर पावर अकेली किताबों तक सीमित नहीं है। यह फिल्में, यूट्यूब वीडियो, गाने, पॉडकास्ट, सॉफ्टवेयर, मोबाइल एप्स इत्यादि सभी पर लागू होती है। यह आपकी डिजिटल संपत्तियाँ हैं, यह आपको बार-बार आय देते रहते हैं।

आपने एक यूट्यूब वीडियो बनाया, चाहे इसे लाखों करोड़ों लोग देख ले, इसके बाद भी इस वीडियो को किसी प्रकार की हानि नहीं पहुँचती

है, इसे और भी लाखों करोड़ों लोगों द्वारा देखा जा सकता है। इसी वजह से चाहे वह किताब हो, फिल्म या यूट्यूब वीडियो, हम इन डिजिटल संपत्तियों को असमानुपाती आय के स्रोत कहते हैं। इन स्रोतों से प्राप्त होने वाली आय इस बात पर निर्भर <u>नहीं</u> करती है कि उस किताब, वीडियो या फिल्म बनाने में आपने कितना समय लिया, परंतु इन स्रोतों की आय इस बात पर निर्भर करती है कि उस किताब अथवा वीडियो के कंटेंट की गुणवत्ता क्या है ? वह इस बात पर निर्भर करती है कि उस वीडियो में हमने कितनी रचनात्मकता (Creativity) का प्रयोग किया, उसमें हमारी कितनी मौलिकता (Originality) है। इस वीडियो से प्राप्त होने वाली आय इस बात पर निर्भर करती है कि वह वीडियो कितना उपयोगी है या कितना मनोरंजक है या कितने लोगों ने उसको देखा।

निश्चित रूप से एक खराब वीडियो के बजाय एक अच्छे वीडियो को बनाने के लिए अधिक समय लगता है। परंतु इन आय के स्रोतों की खूबसूरती इसी बात में है कि आप एक बार वीडियो बनाकर अपलोड कर दें तो यह वीडियो आपके लिए एक निरंतर आय का स्रोत बन जाता है। आपको हर एक दर्शक के लिए बार-बार काम करने की आवश्यकता नहीं है।

जो कि किसी भी प्रोफेशनल जैसे कि वकील, डॉक्टर, शिक्षक आदि के लिए सच नहीं है। उन्हें अपने प्रत्येक मुवक्किल (Client), मरीज, विद्यार्थी आदि के लिए बार-बार काम करना होता है।

इंटरनेट की उपलब्धता ने इन असमानुपाती कार्यों को करके एक बड़ी

आय प्राप्त करने को और भी सुगम बना दिया है । इंटरनेट इस प्रकार के उत्पादों के लिए एक मंच एवं वितरण का माध्यम दोनों उपलब्ध कराता है । इंटरनेट के माध्यम से भारत के किसी गाँव में बैठा व्यक्ति भी विश्व के किसी अन्य कोने में बैठे अपने ग्राहक को अपनी डिजिटल संपत्ति जैसे ई-बुक्स, गाने, पॉडकास्ट, वीडियो कोर्सेज, एप्स आदि बेच सकता है ।

वीडियो के लिए आपके पास यूट्यूब है । मोबाइल एप्स के लिए आपके पास एप स्टोर एवं प्ले स्टोर है । ई-बुक्स को बेचने के लिए आपके पास किंडल एवं अन्य प्लेटफॉर्म है । स्पॉटिफाई पर आप अपने गाने एवं पॉडकास्ट डाल सकते हैं ।

इंटरनेट के माध्यम से आप लाखों करोड़ों ग्राहकों को अपने डिजिटल प्रोडक्ट्स बेच सकते हैं । और जैसा कि हम पहले देख चुके हैं ग्राहकों की संख्या आपकी आय के समानुपाती होती है । जितने ज्यादा ग्राहक उतनी ज्यादा आय ।

आपको अपने हर ग्राहक के लिए बार-बार काम नहीं करना पड़ रहा है एवं ग्राहक भी लाखों करोड़ों की संख्या में उपलब्ध हैं, और ना ही आपको अपना प्रोडक्ट बेचने के लिए कहीं जाने की जरूरत है । इन तीनों चीजों की वजह से आप एक बड़ी धनराशि कमा सकते हैं ।

यह तीनों ही बातें एक वेतनभोगी कर्मचारी एवं स्वतंत्र प्रोफेशनल के लिए संभव नहीं है । उनके ग्राहकों की संख्या भी सीमित है एवं उन्हें अपने ग्राहकों के लिए बार-बार काम करना पड़ रहा है । साथ ही उन्हें

अपने ग्राहक अथवा एंप्लॉयर को अपनी सेवाएं बेचने के लिए स्वयं उपस्थित होना पड़ रहा है।

हमें चाहे पसन्द आये या नहीं परन्तु यूट्यूबर्स एवं इन्स्टाग्राम के इनफ्लुएंसर की अधिक आय के पीछे असमानुपाती आय की गणित काम कर रही है। और अमीर बनने हेतु ऐसी ही गणित हमारे समर्थन (Favour) में काम करनी चाहिये।

यही आविष्कारों की सुन्दरता है।
यह ही है आपकी आय के असमानुपाती स्रोत।

निर्माण की सीमांत लागत (Marginal Cost of Production) ना होना अपने आप में एक सुपर पावर है।

वर्ष 2005 में लक्ष्मी मित्तल दुनिया के सबसे अमीर व्यक्ति थे। उनकी कंपनी ArcelorMittal दुनिया की सबसे बड़ी स्टील बनाने वाली कंपनी थी। जो की बहुत अच्छी बात है। लेकिन स्टील के बिजनेस में आपको अपने हर ग्राहक के लिए बार-बार स्टील बनाना पड़ती है। यानि कि यहाँ पर Marginal Cost of Production है।

वहीं एक बार सॉफ्टवेयर बनाने के बाद आप उसे कॉपी-पेस्ट करके दुनिया के सभी कम्प्यूटर्स में या स्मार्टफोन्स में चला सकते है। यानी कि Marginal Cost of Production लगभग न के बराबर है। इसी वजह से लक्ष्मी मित्तल के बाद बिल गेट्स दुनिया के सबसे अमीर व्यक्ति बन गए जिन्होंने अपना विंडोज ऑपरेटिंग सिस्टम (एक

सॉफ्टवेयर) पूरी दुनिया में खूब बेचा। और आज भी लगभग दुनिया भर के 75% कंप्यूटर्स में इन्हीं का विंडोज ऑपरेटिंग सिस्टम है।

हालाँकि इसका मतलब यह नहीं है कि किसी बिजनेस में अगर Marginal Cost of Production (निर्माण की सीमांत लागत) अगर है तो वह एक खराब बिजनेस है। 29/1/2025 को फोर्ब्स मैग्जीन के अनुसार लक्ष्मी मित्तल आज भी दुनिया के 136 वें सबसे अमीर व्यक्ति हैं। Forbes

देखिए अर्थव्यवस्था में किसी भी वस्तु का मूल्य माँग एवं आपूर्ति (Demand and Supply) पर निर्भर करता है। निश्चित रूप से विश्व में डॉक्टर, इंजीनियर, शिक्षक, वकील इत्यादि प्रोफेशनल्स तो काफी संख्या हो चुकी हैं; परंतु आविष्कारक, नवाचारक, उद्यमी, अच्छे सृजक एवं रचनाकार, बहुत कम संख्या में ही उपलब्ध है। इसी वजह से उनके द्वारा एक बार किया गया काम बड़ी मात्रा में लाभ करता है।

क्रिएटर्स और इन्नोवेटर्स का एक बार किया हुआ काम पूरी इन्सानियत के लिए उपलब्ध रहता है और बार-बार पैसा कमा कर देता रहता है।

जैसा कि वारेन बफेट ने कहा है कि यदि आपको ऐसा कोई तरीका नहीं मिलता है जो आपको तब भी कमा कर दे जब आप सो रहे हो, तो आप मरने तक काम करते रहेंगे। सामान्यतः लोग इसे स्टोक मार्केट से जोड़कर ही लेते है। परन्तु आय के असमानुपाती स्रोत, आपको तब भी पैसे कमा कर देते रहते हैं जब आप सो रहे हो। एक

उद्यमी के लिए उसकी फैक्ट्री तब भी चल सकती है जब वह सो रहा हो, उसके प्रोडक्ट तब भी बिक सकते हैं जब वह योग कर रहा हो। एक सृजक, रचनाकार (Creator) के लिए अगर देखे तो उसकी किताब तब भी पढ़ी जा सकती है जब वह सो चुका हो, उसके वीडियो तब भी देखे जा सकते हैं जब वह वर्ल्ड टूर कर रहा हो, उसके एप्स तब भी डाउनलोड किए जा सकते हैं और उपयोग किए जा सकते हैं जब वह पार्टी कर रहा हो। दोनों ही मामलों में आपके काम न करने पर भी आय होती रहती है।

यही असमानुपाती आय के स्रोतों की खूबसूरती है। एक बार काम करने पर बार-बार आय होती रहती है। यही वे तरीके हैं जिनके द्वारा आप सीमित 24 घंटे में असीमित पैसा कमा सकते हैं।

अगर आप पैसा कमाना चाहते हैं तो जो कुछ आपके पास है उससे कुछ मौलिक (Original) बनाएं।

असमानुपाती आय की चुनौतियाँ

यह पाठ अधूरा होगा अगर मैं असमानुपाती आय की चुनौतियों के बारे में बात ना करूँ।

अगर समानुपाती आय में 8 घंटा काम करने पर ₹800 मिलते है। तो संभव है की असमानुपाती आय स्रोतों से 8 घंटा काम करने पर 80 हजार या 8 लाख भी मिल सकते हैं। परंतु हम असमानुपाती आय के दूसरे पक्ष को भी नहीं नकार सकते। क्योंकि यहाँ आय समय के अनुपात में नहीं है, इसलिए हो सकता है 8 घंटे काम करने पर भी

आपको शून्य रुपए प्राप्त हो ।

असमानुपाती आय में प्रतिदिन की अधिकतम आय की कोई सीमा नहीं है तो वेतनभोगी कर्मचारियों की तरह यहाँ न्यूनतम आय की भी कोई गारंटी नहीं है । चुँकि असमानुपाती आय स्रोतों की आय समय पर आधारित नहीं है इस वजह से 8 घंटे काम के लिए शून्य रुपए कमाना भी असमानुपाती आय का ही उदाहरण है ।

जब आप असमानुपाती आय के स्रोतों से पैसे कमाने के लिए निकलते हैं तो मूलतः आप अपने आप को जंगल (बाजार) में झोंक रहे हैं । बाजार को इससे कोई फर्क नहीं पड़ता है कि आपने कितनी कड़ी मेहनत करी है । कितनी पूँजी का निवेश किया है । या फिर कितने लोगों को आपने रोजगार दिया है ? अगर जनता को आपका प्रोडक्ट या सर्विस पसंद नहीं आती है तो आपके सारे परिश्रम पर पानी भी फिर सकता है ।

फिल्में इसका सबसे अच्छा उदाहरण है । निर्माता, निदेशक (Director, Producer) करोडों रुपये का निवेश करते हैं । अगर यह एक अच्छी मूवी है तो वह 10 गुना, 20 गुना या उससे भी ज्यादा रिटर्न दे देती है । जब भी मूवी सिनेमा घरों, ओटीटी प्लेटफॉर्म्स, टीवी पर चलती है, उन्हें आमदनी होती रहती है । फिल्म बनाने के वर्षों बाद भी उस फिल्म से आय होती रहती है । उदाहरण के तौर पर इंटरस्टेलर 10 साल बाद पुनः सिनेमाघर में रिलीज करी गई और इस बार एक करोड डॉलर से भी अधिक कमा लिए ।
परंतु निरंतर रूप से हम देखते हैं की फिल्में फ्लॉप भी होती हैं । 2022 में आई कंगना रनौत की फिल्म धाकड़ ने आठवें दिन पूरे देश भर में

मात्र 20 टिकट बेचे थे।

आप एक यूट्यूब वीडियो बनाने में कई दिन लगा दे और फिर भी हो सकता है कि आपका वीडियो पर 100 से ज्यादा व्यू ना आए। इसी प्रकार से आप व्यापार - व्यवसाय शुरू कर दें और हो सकता है आपके प्रोडक्ट बिल्कुल भी न बिके।

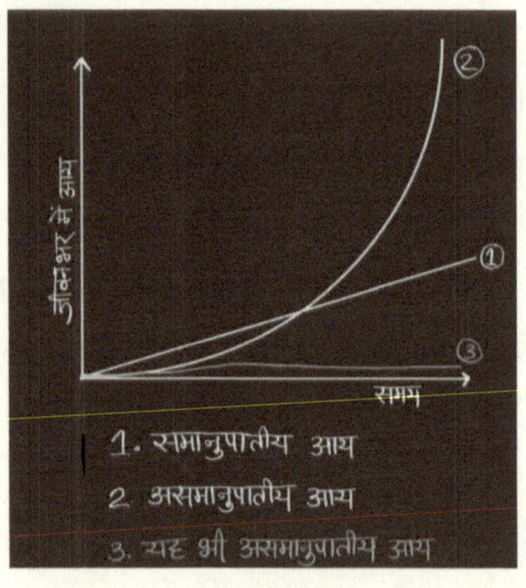

मैं असमानुपाती आय के स्रोतो के असफल हो जाने की संभावनाओं को पूरी तरह से स्वीकार करता हूँ। परंतु निजी रूप से मैं इनके लिए तेजडिया (Bullish) हूँ। मेरा आइडिया यह है कि आप एक के बाद एक प्रोडक्ट बनाते जाएं, उनके सफलता की गारंटी तो हम नहीं ले सकते, परंतु अगर उनमें से कुछ प्रोडक्ट भी अगर चलते हैं तो वह इतनी आय पैदा कर देंगे कि जिससे बाकी सारी प्रोडक्ट्स की असफलताओं पर पर्दा गिर जाएगा। यह वैसा ही है जिस प्रकार से निवेशक स्टार्टअप्स में निवेश करते हैं। वे जानते हैं कि उनके निवेश किए हुए स्टार्टअप्स में से अधिकतम असफल हो जाएंगे परंतु अगर चार से पांच प्रतिशत स्टार्टअप भी सफल होते हैं तो वह 5000-

10000% तक रिटर्न दे देते हैं ।

वहीं दूसरी ओर सीईओ एवं अन्य हाई स्कील्ड लोग भी सैलरी पर ही काम करते है (मूलतः समानुपाती आय कमाते है) परन्तु उनकी प्रतिदिन की तनख्वाह इतनी ज्यादा होती है कि वह अधिकतम लोगों से तुलनात्मक रूप से अमीर होते हैं ।

साथ ही हम खिलाड़ियों को भी देख सकते हैं, वे भी अपने समय के समानुपाती ही कमाते हैं, परंतु उनकी प्रतिदिन आय काफी ज्यादा होती है इसलिए वह भी अधिकतम लोगों से तुलनात्मक रूप से अमीर बन जाते हैं।

फ्रीलांसर्स एवं दुकानदार

खैर अब अपन फ्रीलांसर और दुकानदारों की बात करते हैं ।

पहले फ्रीलांसरों से शुरुआत करते हैं । **फ्रीलांसर**, या **फ्रीलांस वर्कर,** आमतौर पर ऐसे व्यक्ति के लिए इस्तेमाल किए जाने वाले शब्द हैं जो स्वतंत्र प्रोफेशनल्स की तरह ही स्वनियोजित (Self-Employed) हैं और जरूरी नहीं कि वे किसी विशेष व्यक्ति या कंपनी के लिए लंबे समय तक काम करते हों ।

फ्रीलांसरो की सबसे बड़ी बीमारी यह है कि उन्हें यह भ्रम रहता है कि वह स्वयं के बॉस हैं ।

तो सबसे पहले हम यह साफ कर देते हैं कि, नहीं, वे स्वयं के बॉस तो नहीं है । उनके पास भी उनके ग्राहक (Client) से काम को खत्म करने की डेडलाइन होती है । वे भी अपने क्लाइंट से एक निश्चित आय प्राप्त करते हैं ।

संभवतः दो फायदे जो उन्हें के पास रहते है, वे यह की वे चाहे जब

छुट्टी ले सकते हैं एवं दिन में किसी भी समय में काम कर सकते हैं।

हालाँकि जहाँ तक उनकी आय की समीकरण की बात करी जाए, उनकी आय की समीकरण भी एक वेतनभोगी कर्मचारी की तरह ही दिखती है।

इसे एक फ्रीलांसर का उदाहरण लेकर समझते हैं।

पहला, उन्होंने कितने घंटे काम किया उस के हिसाब से उन्हें पैसे मिलते हैं। और घंटे के हिसाब से पैसे कमाने के नुकसान हम पहले ही देख चुके हैं।

दूसरा, एक बार काम करने से एक फ्रीलांसर को बार-बार उस काम से आय नहीं मिलती रहती है।

तीसरा, उन्हें भी हर दिन पैसे कमाने के लिए हर दिन काम करना होता है।

तो हम देख पा रहे हैं कि एक फ्रीलांसर लगभग एक संविदा कर्मचारी (Contractual Worker) की तरह ही है। जो की एक वेतनभोगी कर्मचारी की तरह ही एक उद्यमी/उद्योगपति को उनका काम समाप्त करने में उसकी मदद ही करता है। वे एक बिजनेसमैन की तरह नहीं बल्कि एक कर्मचारी की तरह कमा रहे हैं।

इसलिये ऐसा बोलने की जगह कि एक फ्रिलांसर स्वयं का बोस है, ज्यादा सही यह होगा कि उसे स्वयं का कर्मचारी बोला जाये।

अगर स्वतंत्र रहकर ही आय कमानी है तो एक फ्रीलांसर के बजाय एक सोलोप्रन्योर (Creator) बनना ज्यादा बेहतर विकल्प होगा। इनकी कि आय असमानुपाती होती है।

चलिए अब दुकानदारों की बात कर लेते हैं।

इन्हें यह भ्रम रहता है कि यह भी बिजनेसमैन है। हालाँकि मैं कई दुकानदारों को जानता हूँ जो तुलनात्मक रूप से काफी अमीर है। लेकिन दुकानदारों को हम अधिकतम व्यापारी (Trader) कह सकते हैं एक उद्यमी या बिजनेसमैन नहीं।

तो मै ऐसा क्यों कह रहा हूँ ?

हम इस बात को एक दुकान मालिक का विश्लेषण करके समझ सकते हैं जो अपना सामान बेचने के लिए स्वयं ही दुकान पर बैठता है।

1. अगर दुकान को चलाए रखने के लिए स्वयं दुकानदार को उपस्थित रहना पड़ रहा है तो इसका सबसे बड़ा नुकसान तो यह ही है कि इस धंधे को स्केल नहीं किया जा सकता। स्केल यानी कि आज अगर एक दुकान है तो कल 1 से 2, 2 से 4 नहीं की जा सकती।

क्योंकि अगर दुकान में मालिक को स्वयं उपस्थित रहना पड़ रहा है तो एक समय पर वह एक ही दुकान में उपस्थित रह सकता है,वह दो या चार दुकानों पर उपस्थित नहीं हो सकता।

और जैसा कि हम बिजनेसमैन के मामले में देख चुके है कि किस तरह वे लोग उत्पादन एवं बिक्री का सिस्टम बनाते हैं जो उनके बिना भी ऑटो पायलट पर चल सकता है और इसी वजह से वे एक से दो, दो से चार फैक्ट्रीयाँ खोल पाते हैं।

2. अपने धंधे को सुरक्षित रखने के लिए उनके पास कोई बौद्धिक संपत्ति (Intellectual Property) नहीं है। हर कोई जिसके पास

पर्याप्त पैसा है वह उनके बाजू में दुकान खोल सकता है एवं उनके आय में कमी कर सकता है ।

3. बौद्धिक संपदा नहीं होने की वजह से वह बहुत ज्यादा मार्जिन भी प्राप्त नहीं कर सकते ।

4. दुकान एक बार किए हुए काम के लिए बार-बार आय कमा कर नहीं देती है, अर्थात प्रतिदिन आय कमाने के लिए प्रतिदिन दुकान खोलना होती है ।

5. अगर वे ऑनलाइन बिक्री नहीं करते हैं, तो उनके ग्राहकों की संख्या बहुत ही कम होती है ।

6. और निश्चित रूप से सोते वक्त तो वह पैसा नहीं ही कमा रहे हैं ।

यहाँ मैंने कुछ सुझाव दिए हैं जिन्हे अमल में लाकर दुकानदार भाई बहनें अधिक आमदनी कमा सकते हैं ।

1. ऑफलाइन के साथ-साथ ऑनलाइन भी बेचना चालू करें, जिससे पूरे देश भर से आर्डर आने लग जाए एवं ग्राहक संख्या बढ़ जाए ।

2. रिलायंस रिटेल एवं जुडियो जैसे स्टोर्स का मॉडल अपनाए । आप देखेंगे की, अंततः यह स्टोर्स भी एक दुकान ही हैं परंतु मुकेश अंबानी या नवल टाटा को वहाँ पर स्वयं उपस्थित नहीं होना पड़ता है प्रोडक्ट्स बेचने के लिए ।

उन लोगों ने इन स्टोर्स में भी एक सिस्टम बना रखा है जिसकी वजह से यह स्टोर अपने आप ही अच्छे से चल सकते हैं ।

इन स्टोर्स की कुछ विशेषताएं मैंने यहाँ पर लिखी है जो दुकानदारों को अपनी दुकान पर भी अपनानी चाहिए ।

1. इन स्टोर्स में सभी वस्तुओं की कीमत निश्चित (Fix) होती है । और कोई भी मोल भाव की गुंजाइश नहीं होती है ।

2. बिलिंग काउंटर पर स्वयं मालिक के बजाये एक कर्मचारी रहता है एवं वह POS मशीन के द्वारा बिल बनाता है ।

3. CCTV कैमरा के द्वारा सब पर निगरानी रखी जाती है ।

दुकानदार भाइयों के पास पर यह दो - तीन चीज नहीं होती वहाँ पर

एक बड़ा नुकसान होता है । वह नुकसान यह है कि अगर मोल–भाव की गुंजाइश आ जाती है वहाँ दुकानदार को स्वयं उपस्थित होना पड़ेगा । वहाँ पर आप कर्मचारियों को नहीं बिठा सकते । और अगर दुकानदार को स्वयं बैठना पड़ रहा है तो आप धंधे को स्केल नहीं कर सकते । एक से दो, दो से चार दुकान नहीं बना सकते ।

वहीं पर अगर वस्तु की कीमत फिक्स हो और मोल भाव की गुंजाइश नहीं हो, तो कर्मचारी का काम सिर्फ बिल बनाकर देना रह जाता है । इसके लिए तो आप उस पर भरोसा कर ही सकते हैं । और इतना काम वह कर भी देगा।

अगर किसी दुकानदार ने यह कर लिया तो दुकानदार की अनुपस्थिति में भी दुकान को चलाया जा सकता है । एवं धंधे को स्केल किया जा सकता है ।

बाकी अगर एक बार आप समय निकाल कर इन स्टोर्स के प्रबंधन को समझेंगे तो आप समझ जाएंगे कि यह लोग किस तरह से हर छोटी-छोटी चीजों का बारीकी से ध्यान रखते हैं । मैं अभी उस में नहीं जाना चाहता, इसके बारे में आप इंटरनेट वगैरह से पढ़ सकते हैं ।

इन स्टोर्स को चलाने के लिए उन्होंने यह जो सिस्टम बना रखा है

उसका फायदा यही होता है कि वे आसानी से एक से दो, दो से 4 और 4 से 50 स्टोर्स ओपन और मैनेज कर सकते हैं। अगर कोई दुकानदार भी ठीक वैसा ही करता है तो ही उसे सही मायनों में बिजनेसमैन या उद्यमी कहा जा सकता है।

सारांश

✦ असमानुपाती आय की कुछ खास बाते —

1. यहाँ पर आए आपने कितने समय काम किया इस बात पर निर्भर नहीं करती।

2. अधिकतम आय की कोई सीमा नहीं है।

3. आपका एक बार का किया हुआ काम बार-बार पैसे कमा कर देता रहता है।

4. यहाँ पर आय आपके काम की क्वालिटी पर निर्भर करती है।

✦ असमानुपाती आय को प्राप्त करने के दो मार्ग हैं। i) बिजनेस कर के ii)क्रिएटर बनकर

✦ बिजनेस इनोवेशन (R&D) में किया हुआ निवेश काफी ज्यादा और बार-बार रिटर्न देता है।

✦ उत्पादन एवं बिक्री का सिस्टम एक उद्यमी को उसका बिज़नेस ऑटोपायलट पर डालने एवं स्वयं को फ्री करने में मदद करता है । जिस वजह से वह बिजनेस को बड़ा बना सकता है (स्केल कर सकता है) ।

✦ क्रिएटर्स (लेखक, युट्रुबर, संगीतकार, फिल्म बनाने वाले आदि) असमानुपाती तरीके से कमाते है, क्योंकि उनके एक बार किये गये कार्य का लाभ पूरी इंसानियत ले सकती, और उन्हें हर एक कंज्यूमर के लिए बार-बार काम भी नहीं करना पड़ता ।

✦ असमानुपाती आय के स्रोतों में पूरी तरह से असफल होने का खतरा बना रहता है, और हो सकता है आपको आपके काम के लिए कोई पैसा ना मिले । साथ ही हाय स्किल्ड जॉब करने वाले (चाहे वे समानुपाती आय कमा रहे हो) तुलनात्मक रूप से अमीर बन जाते हैं ।

✦ एक फ्रीलांसर की आय समीकरण भी एक वेतनभोगी कर्मचारी की तरह ही होती है (समय पर निर्भर) और प्रतिदिन की अधिकतम आय सीमा के साथ आती है ।

✦ अगर एक दुकानदार को अपनी दुकान चलाने के लिए स्वयं दुकान में उपस्थित रहना पड़ रहा है तो वह अपने व्यापार को स्केल नहीं कर सकता । उन्हें सुपरमार्केट मॉडल को कॉपी करना चाहिए अपने व्यवसाय को बड़ा बनाने के लिए ।

6

अमीर बनने का रास्ता

हमने इस किताब की शुरुआत नौकरी की निंदा से करी थी। हालाँकि यहाँ मैं कहना चाहूँगा कि सभी लोग बिजनेस में या क्रिएटर बनने में रुचि रखते हो ऐसा नहीं है अगर आप उनमें से एक हैं जो नौकरी करना चाहते हैं तो मैं आपसे कहूँगा कि आप एक हाई स्किल्ड जॉब करें। जो अच्छी खासी तनख्वाह देती हो।

परंतु अगर आप असमानुपाती आय कमाना चाहते हैं, तो जैसा कि पिछले पाठ में देख चुके हैं, इसके दो रास्ते हैं। यहाँ पर हम एक-एक करके दोनों को और बेहतरी से समझेंगे और ऐसा रास्ता ढूंढने की कोशिश करेंगे जिस पर चलकर अमीर बना जा सकता हो।

1. उद्यम पथ (The Business way)

जब एक बार आप निर्णय कर लें कि आप बिजनेस करना चाहते हैं तो अगला प्रश्न यह उठता है कि कौन सा बिजनेस किया जाए और उसे कैसे किया जाए ?

बिजनेस बनाने की पूरी यात्रा को मैंने चार हिस्सों में बाँटा है। पहला हिस्सा वैज्ञानिक, दूसरा संस्थापक, तीसरा सीईओ, चौथा अध्यक्ष।

पहला चरण - वैज्ञानिक

यहाँ वैज्ञानिक का अर्थ उन व्यक्तियों से नहीं है जिन्होंने विज्ञान का बहुत गहरा अध्ययन किया हो या फिर विज्ञान में डिग्री हासिल की हो, यहाँ 'वैज्ञानिक' से मेरा तात्पर्य उस व्यक्ति से है जो किसी समस्या को देखता है, और उसको हल करने हेतु कुछ आविष्कार / नवाचार करता है। एक ऐसा व्यक्ति जिसे समस्या को हल करना आता हो। ऐसे दूरदृष्टा को यहाँ वैज्ञानिक कहा है। वह ऐसा व्यक्ति भी हो सकता है जिसने अपने जीवन में कभी विज्ञान पढ़ी ही ना हो।

जैसा कि हम पहले ही चर्चा कर चुके हैं कि किसी भी व्यक्ति को कोई वस्तु बेचनी हो तो वह वस्तु या सेवा उस व्यक्ति की किसी न किसी समस्या का हल करनी चाहिए या फिर उस व्यक्ति को अच्छा महसूस करानी चाहिए।

तो बिजनेस शुरुआत करने की पहली जरूरत होगी कि आप समस्या को देखें। कोई ऐसी समस्या जो स्वयं अपने अनुभव करी हो या फिर आपके आसपास के लोगों ने अनुभव करी हो।

उस समस्या के बारे में और अधिक खोज करें, लोगों से पूछे एवं इंटरनेट आदि की सहायता लें और कुछ प्रश्नों का उत्तर पता करें।
जैसे कि यह समस्या कितनी बड़ी है ?
कितने सारे लोग इस समस्या का सामना करते हैं ?
क्या मैं इस समस्या को हल कर सकता हूँ ?
क्या इस समस्या को हल करने के बदले लोग रुपए देंगे ?

और अगर देंगे तो कितने देंगे ?

मार्केट कितना बड़ा है ?

इस तरह के कई सारे और प्रश्नों के जवाब आप ढूंढे ।

एलॉन मस्क ने समस्याओं को चार श्रेणियों (Category) में बाँट रखा है :-

(i) बड़ी आबादी की बड़ी समस्या

(ii) बड़ी आबादी की छोटी समस्या

(iii) छोटी आबादी की बड़ी समस्या

(iv) छोटी आबादी की छोटी समस्या

जैसा एलन मस्क कहते हैं, "बड़ी आबादी की बड़ी समस्याओं पर काम करना सबसे बेहतर है । "

आप स्वयं समझ सकते है क्योंकि अगर समस्या बड़ी है तो उस पर आधारित धंधा भी बड़ा बनाया जा सकता है । उसे हल करने वाली वस्तु का दाम भी ज्यादा रखा जा सकता है ।

दूसरा अगर समस्या बहुत बड़ी आबादी की है तो, यही बड़ी आबादी हमारे लिए भविष्य में ग्राहक बन सकती है ।

अगर आपको काम करने के लिए बड़ी आबादी की कोई बड़ी समस्या ना मिले तो आप बड़ी आबादी की कोई छोटी समस्या पर भी काम कर सकते हैं ।

इसके दो कारण है ।

पहला, अगर वह एक छोटी समस्या है तो उसको हल करने के लिए

कम पैसे, कम लोग और कम मशीनों की जरूरत पड़ेगी।

दूसरी बात यह की अगर बहुत ज्यादा लोगों को यह समस्या है तो बहुत ज्यादा हमारे ग्राहक हो सकते हैं। और यह तो हम पहले ही देख चुके हैं कि ग्राहकों की संख्या अगर ज्यादा होती है तो ज्यादा आय होती है।

इसका सबसे अच्छा उदाहरण है पेटीएम, जो फोन का रिचार्ज जैसी छोटी सी समस्या को हल करने के लिए बना था। आज वे फोन का रिचार्ज करने के लिए एक से दो रुपया लेते है। ₹1-₹2 आपको बहुत छोटी धनराशि लग सकती है, परंतु भारत की जनसंख्या 140 करोड़ है जिसमें से लगभग आधी से ज्यादा आबादी (70 करोड) के पास आज फोन है, अगर हर महीने 30 से 40 करोड लोग भी फोन का रिचार्ज करने के लिए अगर पेटीएम का इस्तेमाल करें तो हर महीने पेटीएम एवं फोनपे को इससे मासिक 40 करोड़ की आय हो सकती है।

इसके अलावा लोगों ने छोटी सी आबादी की बड़ी समस्याओं को हल करके एवं छोटी आबादी की छोटी सी समस्याओं को हल करके भी सफलतापूर्वक बिजनेस बनाए हैं। खासकर तब जब वह छोटी सी आबादी अमीरों की हो।

इसका सबसे अच्छा उदाहरण Bernard Arnault है, जो कुछ समय पहले दुनिया के सबसे अमीर व्यक्ति भी बन गए थे। जिनकी कंपनी लुई वितों (LVMH) लक्जरी सामान बनाती है, जो किसी वास्तविक समस्या को हल करते तो जान नहीं पंडते हैं, बस अमीरों को अमीर दिखने में मदद करते है।

खैर जब एक बार आप हल करने के लिए समस्या का चयन कर ले और उसका समाधान ढूंढने के लिए निकले तब आपका पहला काम होता है इस समस्या को हल करने के लिए प्रोडक्ट या सर्विस को बनाना ।

यहाँ पर हमें जरूरत पड़ती है उद्यमी यानी बिजनेसमैन के वैज्ञानिक वाले हिस्से की ।

सबसे अच्छा तो तभी रहता है जब उद्यमी स्वयं ही उस प्रोडक्ट या सेवा का निर्माण करना जानता हो । इसके लिए आवश्यक है कि उद्यमी स्वयं इतना कुशल (स्किल्ड) हो । परंतु कई बार कुछ समस्याओं का हल करने के लिए हमें नई वस्तुओं का आविष्कार करना पड़ता है, इसके लिए कई सारी तकनीकी स्किल की जरूरत पड़ती है; जैसे कोडिंग, डिजाइनिंग, सर्किट डिजाइन, अन्य इंजिनीयरिंग एवं फिजिक्स, केमेस्ट्री एवं गणित आदि के ज्ञान की । और यहाँ पर एक इंजीनियर होने का फायदा मिलता है । यही कारण है जिसकी वजह से दुनिया भर के कई सारी कंपनियों के संस्थापक इंजीनियर्स है । इनमें हेनरी फोर्ड, मार्क जुकरबर्ग, एलन मस्क इत्यादि का नाम सर्वप्रथम आता है । इंजीनियर होने का फायदा इस तरह से मिलता है कि जब आपके पास आइडिया आए तो आप स्वयं उस पर काम करना शुरू कर सकते हैं ।

क्या इसका अर्थ यह है कि वे लोग जो इंजीनियर नहीं है या जिनके पास तकनीकी स्कील नहीं है, क्या वे कंपनियों के संस्थापक या बिजनेसमैन नहीं बन सकते ?

नहीं, ऐसा नहीं है। निश्चित रूप से वे भी उद्यमी बन सकते हैं। यहाँ तक की दुनिया में कई सारे ऐसे लोग हैं जो तकनीकी रूप से बहुत ज्यादा सक्षम नहीं है परंतु सफलतापूर्वक अपना उद्यम स्थापित कर चुके हैं एवं चला रहे हैं।

हालाँकि अगर उद्यमी स्वयं प्रोडक्ट को नहीं बना सकता है तो ऐसे में उसे पूँजी की आवश्यकता होगी। क्यों कि इस पूँजी से आप इंजीनियर्स या शोधकर्ता (रिसर्चर्स) को पैसे देकर उससे यह काम करा सकते हैं। उदाहरण के तौर पर मुकेश अंबानी एक AI के वैज्ञानिक नहीं है, परंतु उनकी कंपनी जिओ आईआईटी बॉम्बे के साथ मिलकर AI मॉडल बना रही है।

इसके अलावा दुनिया में उपलब्ध उदाहरण स्टीव जॉब्स का भी है जिन्होंने आईफोन की कल्पना तो करी परंतु निश्चित तौर से आईफोन को बनाया एप्पल के इंजीनियर ने है। परंतु हमें यहाँ पर यह बात समझ लेने की जरूरत है कि एप्पल के पास पूँजी थी इसी वजह से स्टीव जॉब्स अपने सपने को साकार कर पाए।

यहाँ प्रश्न उठता है कि वे लोग जो स्वयं प्रोडक्ट नहीं बना सकते और ना ही जिनके पास इतना पैसा है कि वह किसी और को पैसे देकर उससे प्रोडक्ट को बनवा लें, क्या वे लोग उद्यमी बनने का सपना नहीं देख सकते ?

बिल्कुल देख सकते हैं परंतु उनके लिये रास्ता थोड़ा अलग होगा। अगर हमारा उद्यमी एक दूरदृष्टा है परंतु उसके पास शोध में खर्च करने के लिए पूँजी नहीं है, ऐसे में वह किसी योग्य इंजीनियर / तकनीकी व्यक्ति को ढूंढ सकता है और उसे को-फाउंडर बना सकता है और उससे प्रोडक्ट बनवा सकता है, बदले में को-फाउंडर को कंपनी का

कुछ हिस्सा (शेयर) देने होंगे।

प्रो-टिप :- साइंस प्रोजेक्ट कंपटीशन में थोडा घूम के आइये, शायद आपको आपके काम का व्यक्ति मिल जाये। या फिर हो सकता है, व्यक्ति के साथ-साथ कुछ अच्छे आइडियाज और क्रांतिकारी प्रोडक्ट भी मिल जाये। इसके अलावा आप स्वयं भी साइंस प्रोजेक्ट कंपटीशन या हैकाथन का आयोजन करा सकते है, कुछ पुरस्कार राशि रखकर प्रतिभागियों से आपकी समस्या का हल निकलने हेतु प्रोडक्ट बनाने को कह सकते है। बाद में आप विजेता के साथ मिलकर कंपनी शुरू कर सकते है।

और अगर आपको कोई को-फाउंडर भी नहीं मिलता है तो अंतिम रामबाण यही होगा कि आप स्वयं उस प्रोडक्ट को बनाने का कौशल (स्किल) सीख लें। इसमें 4-6 महीने का समय लग सकते है परन्तु ऐसा करने से आप उस प्रोडक्ट की सारी जानकारी रखने वाले ज्ञानी इंसान भी बन चुके होंगे।

यहीं पर एक प्रश्न का और मैं जवाब देना चाहूँगा है कि क्या इस कार्य के लिए हमें अपने कॉलेज या नौकरी को छोड़ने की आवश्यकता है ?

मेरा उत्तर होगा नहीं। जैसा काफी सारे लोगों ने कहा है और मैं भी सहमत हूँ, इस स्तर पर आपको कॉलेज या नौकरी छोड़ने की आवश्यकता नहीं है। आप सर्वप्रथम अपना मिनिमम वायबल प्रोडक्ट (MVP) बना ले। अर्थात वह प्रोडक्ट जो आप बेचना चाहते हैं उसका एक ऐसा प्रारूप पहले बना लीजिए जो निर्धारित समस्या को

कुछ हद तक हल कर दे । और इस प्रारूप को बनाने के लिए आपको नौकरी अथवा कॉलेज छोड़ने की आवश्यकता नहीं है ; आप कॉलेज या नौकरी से आने के बाद घर पर इन चीजों पर काम कर सकते हैं ।

एक बार MVP बन जाने के बाद हमारा अगला लक्ष्य होता है बहुतायत (अधिक मात्रा) में इसका निर्माण करना । इसके लिए एक अच्छी विनिर्माण सुविधा की नींव रखना आवश्यक है । और यहीं से हम हमारे दूसरे कदम की ओर बढ़ते हैं ।

दूसरा चरण - संस्थापक

इस चरण में उद्यमी को बहुतायत में उत्पादन एवं बिक्री के लिए एक व्यवस्था (System) बनाना होता है । और विनिर्माण (Manufacturing) की व्यवस्था बनाने से तात्पर्य सिर्फ फैक्ट्री और ऑफिस बनाना ही शामिल नहीं है परंतु ऐसी व्यवस्था बनाना है जिससे उत्तम दर्जे की प्रोडक्ट एवं सर्विसेज का निर्माण निरंतर रूप से, सही लागत में लगातार होता रहे ।

इसलिए ऐसी व्यवस्था बनाने के लिए मैंने यहाँ पर कुछ प्रक्रियाएं एवं कार्य लिखे हैं जो एक उद्यमी को करने होते हैं । अलग-अलग उद्योगों के हिसाब से कुछ चीजें इधर-उधर हो सकती है परंतु मुख्य कार्य सभी पर लागू होते है

1. कंपनी का नामकरण, ब्रांडिंग और पंजीकरण

• कंपनी का नाम निर्धारित करना एवं सरकारी वेबसाइट पर पंजीकरण (रजिस्ट्रेशन) करना

• कंपनी का लोगो, टैगलाइन आदि बनवाना।

• कंपनी के ट्रेडमार्क और पेटेंट का रजिस्ट्रेशन करना।

• किस प्रकार की कंपनी आप बना रहे हैं (LLC, public, private, partnership) उस हिसाब से कानूनी खानापूर्ति।

• व्यवसाय एवं विनिर्माण के लिए समस्त जरूरी श्रमिक, सुरक्षा एवं पर्यावरण संबंधित अनुमतियाँ एवं लाइसेंस प्राप्त करना।

• आवश्यक बीमा इत्यादि कराना।

2. निवेश प्राप्त करना एवं वित्तीय योजना बनाना

• आवश्यक पूँजी का आँकलन।

• अगर आपके पास बिजनेस को प्रारंभ करने के लिए स्वयं की पूँजी नहीं है उस स्थिति में आपको निवेशकों या बैंक से पूँजी प्राप्त करनी होगी।

• बिजनेस का अपना बैंक अकाउंट खुलाना

• कंपनी में पैसों के लेनदेन एवं हिसाब-किताब के लिए सॉफ्टवेयर आदि की व्यवस्था

• कंपनी के विभिन्न कार्यों के लिए बजट बनाना

3. जगह / जमीन को खरीदना /किराए से लेना

• कच्चा माल, संसाधन (Resources) अथवा बाजार के पास जमीन की खोज

• जरूरत के हिसाब से खरीदना अथवा किराए से लेना

4. आधारभूत संरचना (Infrastructure) का निर्माण

• वास्तुकार (Architect) एवं सिविल इंजीनियर की सहायता से नक्शे का निर्माण

• उत्पादन क्षेत्र, भंडारण क्षेत्र ऑफिसेस आदि का निर्माण

• जरूरत के हिसाब से एवं भविष्य को ध्यान में रखते हुए स्थाई एवं अस्थाई निर्माण

• सुरक्षा एवं निगरानी हेतु सीसीटीवी, फायर अलार्म आदि लगवाना ।

5. मशीनों एवं उपकरणों की खरीद

• मशीन निर्माताओं तक पहुँचाना एवं कीमत की तुलना

• मशीन निर्माताओं के साथ मशीनों के रखरखाव संबंधित अनुबंध करना

• ऑफिस तथा फैक्ट्री में आधुनिक तकनीक की सहायता से काम को आसान बनाने के लिए आवश्यक कम्प्यूटर, इंटरनेट एवं सॉफ्टवेयर आदि उपलब्ध कराना ।

6. कर्मचारियों की भर्ती

• पद एवं संख्या के अनुसार कर्मचारियों की भर्ती करना

• आवश्यकता होने पर प्रशिक्षण (Training) देना

• श्रमिक कानूनों के अनुसार कर्मचारियों के लिए विभिन्न सुविधाएं (बीमा, बोनस आदि) उपलब्ध कराना ।

7. कच्चा माल लाना

• आवश्यक कच्चे माल की सूची बनाना एवं खरीदना

• कच्चे माल को फैक्ट्री तक लाने के लिए परिवहन के साधन की व्यवस्था करना

• भंडारण की व्यवस्था करना

8. प्रारंभिक उत्पादन एवं प्रशिक्षण शुरू करना

एक बार कंपनी की स्थापना के बाद अगला कार्य होता है वस्तु एवं सेवाओं का बहुतायत में निर्माण करना तथा उसे बेचना और साथ ही साथ कंपनी को बड़ा बनाना।

मैंने इसे सीईओ (CEO) चरण नाम दिया है।

तीसरा चरण – सीईओ

यह वह चरण है जब उद्यमी को बहुत सारी चीजें मैनेज करनी होती है और साथ ही साथ कंपनी को बड़ा भी बनाना होता है।

शुरुआत में जब कंपनी छोटी होती है, कर्मचारियों की संख्या कम होती है, फैक्ट्रियाँ एवं ऑफिसेस भी कम होते है, ऐसे में अकेला उद्यमी ही काफी चीजें मेनैज कर सकता है। परंतु जैसे-जैसे कंपनी बड़ी बनती जाती है, उद्यमी के लिए यह मुश्किल होता जाता है कि वह हर एक कर्मचारी के साथ जुड़ा रहे तथा हर एक काम को स्वयं करे या देखें।

ऐसे में कर्मचारियों का पदक्रम (Hierarchy) बनाना एवं काम को योग्य कर्मचारियों को सौंपना महत्वपूर्ण हो जाता है। और इसीलिए कंपनी में महत्त्वपूर्ण पद एवं विभाग बनाए जाते हैं। और ऐसा करके उद्यमी स्वयं को कुछ कामों से मुक्त करता है ताकि वह अन्य महत्वपूर्ण कार्यों पर ध्यान लगा सके।

इसी आधार पर मैंने उद्यमी के कार्यों को इस चरण में दो श्रेणियों में बाँटा है।

श्रेणी 1 एवं श्रेणी 2 .

श्रेणियों में कार्य को के बाँटने का आधार यह है कि क्या उस कार्य को किसी अन्य कर्मचारियों को सौंपा जा सकता है या नहीं ।

वह कार्य जो उद्यमी को कंपनी बनाने की शुरुआत के समय में करने होते हैं परंतु वह ऐसे कार्य है कि उन्हें किसी योग्य कर्मचारियों को बाद में सौंप दिया जाता है । उन्हें हमने श्रेणी 1 में रखा है ।

इसके अलावा वह कार्य जो एक उद्यमी को कंपनी बनाने के शुरू में तो करने ही होते है परन्तु बाद में भी करने होते है, इन्हें किसी अन्य कर्मचारी को नहीं सौंपा जाता, इन्हें मैंने दूसरी श्रेणी में रखा है ।

श्रेणी 1

इस श्रेणी में सामान्यतः दिन प्रतिदिन के कार्य आते है । जब कंपनी नयी एवं छोटी थी, कर्मचारियों की संख्या कम थी, मैनेजर्स की संख्या न के बराबर थी तथा सब कुछ छोटे स्तर पर हो रहा हो, ऐसे में उद्यमी कंपनी के लगभग सभी कार्यों के प्रबंधन (Management) और देखरेख में अत्यधिक शामिल होता है । परंतु इन कार्यों की प्रकृति ऐसी है कि अगर किसी कर्मचारी ने उस कार्य में दक्षता हासिल कर रखी हो तो यह कार्य उस कर्मचारी को दिया जा सकता है । इस श्रेणी के कार्यों का लेना देना बिजनेस में प्रतिदिन होने वाली गतिविधियों से है । यहाँ कार्य की योजना बनाने का काम कम तथा क्रियान्वयन का काम ज्यादा होता है । हालाँकि इस श्रेणी के कार्य ही यह सुनिश्चित करते हैं कि कंपनी आराम से चलती रहे ।

नीचे मैंने कुछ कार्य दिए हैं जो इस श्रेणी में रखे जा सकते हैं -

1. उत्पादन का प्रबंधन (Operations/ Production Management)

2. कर्मचारी प्रबंधन (Human Resource Management)

3. बिक्री एवं विपणन (Sales & Marketing)

4. रोज़मर्रा का वित्तीय काम (Day to Day Finance)

5. आपूर्ति श्रृंखला और सूची प्रबंधन (Supply Chain and Inventory Management)

6. अनुसंधान और विकास (Research and Development)

7. आधारभूत संरचना प्रबंधन (Infrastructure Development)

8. ग्राहक सहायता (Customer Support)

9. प्रशासन (Administration)

10. कानूनी और अनुपालन (Legal and Compliance)

यह कुछ विभाग है जिनका प्रबंधन करने की आवश्यकता होती है, और इसीलिए कंपनियों में Chief Operating Officer (COO), Chief Marketing Officer (CMO), Chief financial officer (CFO), Chief Technical Officer (CTO), Chief Human Resource officer (CHRO) आदि की नियुक्ति की जाती है। ये वे लोग होते हैं जो एक विभाग तथा उसके कार्यों को अपने जूनियर्स के साथ मिलकर पूरा करते हैं।

उद्यमी वह प्रमुख व्यक्ति होता है जो इन सभी लोगों के सामने लक्ष्य रखता है, तथा इन सभी पदाधिकारियों के बीच में सामंजस्य बिठाकर कंपनी को चलना है।

ऊपर दिए गए सभी विभाग तथा कार्य एक कंपनी के लिए बहुत

महत्वपूर्ण है और वह सभी लोग जो एक उद्यमी बनने के इच्छुक हैं उन्हें इनके बारे में और विस्तार से पढ़ना चाहिए।

श्रेणी 2

इस श्रेणी में वह कार्य आते हैं जो एक उद्यमी को शुरुआत तथा बाद में भी करने होते हैं। वास्तव में एक उद्यमी अपने आप को श्रेणी 1 के कार्यों से इसीलिए मुक्त करता है ताकि वह श्रेणी 2 के कार्यों पर अपना ध्यान केंद्रित कर सके। इस श्रेणी में वह कार्य आते हैं जो सामरिक महत्व (Strategic Importance) रखते हैं। यह वे कार्य हैं जो कंपनी का भविष्य तय करते है तथा कंपनी को दिशा देते हैं।

यह गतिविधियाँ इस बात से संबंधित हैं कि कंपनी प्रतिस्पर्धी परिदृश्य में कैसे विकसित होगी, और आगे बढ़ेगी।

श्रेणी 2 के प्रमुख कार्य कुछ इस प्रकार हैं –

1. रणनीतिक दृष्टि, योजना और नेतृत्व

• कंपनी के लक्ष्य, मूल्य आदि परिभाषित करना।

• विकास (Growth) की रणनीति बनाना

• मुख्य निर्णय करना

• बाजार तथा ग्राहकों की पसंद को समझना

• अर्थव्यवस्था तथा प्रतिस्पर्धी कंपनियों की गतिविधियों की जानकारी रखना

2. वित्तीय निगरानी

• कंपनी का बजट बनाना एवं खर्च का नियंत्रण करना

• कंपनी के वित्तीय स्वास्थ्य का ध्यान रखना

• बाजार, बैंक तथा निवेशकों से पूँजी की उपलब्धता सुनिश्चित करना

3. नवाचार एवं विस्तार

• नए वस्तु एवं सेवाएं बाजार में प्रस्तुत करना

• नए राष्ट्रीय एवं अंतरराष्ट्रीय बाजारों में अपने वस्तु एवं सेवाओं को प्रस्तुत करना एवं विस्तार करना

• आय के नए स्रोतों को पहचाना

• सौदे (Deals), साझेदारी (Partnerships)करना

4. प्रबंधन (Management)

• कंपनी के प्रमुख पदों पर आसीन व्यक्तियों के साथ नियमित मीटिंग करके यह सुनिश्चित करना कि कंपनी के सभी विभाग सुगमता से चलते रहें।

• कंपनी के विभिन्न विभागों पर निगरानी बनाए रखना।

• कंपनी के सभी हितधारकों (Stakeholders) से नियमित बातचीत करते रहना एवं उनके हितों की रक्षा करना।

• कंपनी में Standard Operating Procedures (SOPs) की स्थापना करना

• Key Performance Indicators (KPIs) की सहायता से कार्यों का आंकलन करना।

5. जनसंपर्क तथा ब्रांड का निर्माण

• कंपनी की सार्वजनिक छवि का निर्माण करना

• पॉडकास्ट, टीवी शो इत्यादि में कंपनी के प्रतिनिधि के रूप में हिस्सा लेना

• ट्विटर इत्यादि पर ग्राहकों की प्रतिक्रिया का उत्तर देना ताकि एक अच्छी सार्वजनिक धारणा बनी रही।

चौथा चरण- अध्यक्ष (The Chairperson)

जहाँ तक इस चरण की बात करी जाए, यहाँ कोई कठोर नियम नहीं है कि यह चरण आएगा ही।

इस चरण में हम चर्चा कर रहे हैं उस समय की जब उद्यमी, सीईओ पद को छोड़ देता है और किसी और को सीईओ बना देता है। जैसा कि हमने गूगल और माइक्रोसॉफ्ट के मामले में देखा है, वहाँ कंपनी के संस्थापकों ने सुंदर पिचाई एवं सत्य नडेला को सीईओ बना दिया। हालाँकि वहीं दूसरी और कुछ ऐसे उद्यमी भी हैं जिन्हें अपने जहाज का कमांडर स्वयं बनना ही पसंद है। जैसे कि मुकेश अंबानी, जिन्होंने किसी और को CEO नहीं बनाया है।

इसलिए ऐसा हमेशा आवश्यक नहीं है कि उद्यमी सीईओ का पद छोड़ें ही परंतु अगर वह ऐसा करते है तो वे अक्सर बोर्ड ऑफ़ डायरेक्टर्स के अध्यक्ष बन जाते हैं या रिटायर हो जाते हैं।

ऐसे में उनकी जिम्मेदारियाँ एवं कार्य कुछ इस प्रकार होते हैं –

1. अब उद्यमी एक उपदेशक (Mentor) एवं सलाहकार का कार्य करता है। वह सुनिश्चित करता है कि कंपनी के दीर्घकालिक दृष्टिकोण और मूल्यों को बरकरार रखा जाए।

2. बोर्ड के डायरेक्टर की अध्यक्ष के रूप में वह कंपनी के सामने दीर्घकालिक लक्ष्य एवं उद्देश्य रखता है।

3. साथ ही साथ वह सीईओ एवं अन्य मैनेजमेंट टीम पर भी निगरानी रखता है एवं जरूरत के अनुसार समर्थन एवं प्रतिक्रिया (Support and Feedback) भी देता है।

4. साथ ही साथ में सभी हितधारकों जैसे निवेशकों, ग्राहकों एवं अन्य

लोगों के साथ अच्छे संबंध बनाए रखता है।

5. साथ ही साथ वह परोपकारी गतिविधियों में भी हिस्सा लेता है।

6. वह अन्य उभरते हुए स्टार्टअप्स में निवेश भी करता है।

तो हमने उद्यम पथ के द्वारा असमानुपाती आय प्राप्त करने के रास्ते को देखा। अब हम एक दूसरा पथ देखने वाले हैं सृजनकर्ता पथ।

सृजनकर्ता पथ (The Content Creator Way)

हम पिछले पाठ में ही देख चुके हैं कि किस तरह कंटेंट बनाकर असमानुपाती आय प्राप्त की जा सकती है। इस पाठ में हम देखेंगे कि किस तरह एक कंटेंट क्रिएटर अपने कंटेंट को अधिकतम लोगों तक पहुँचा सकता है एवं अधिक से अधिक आय प्राप्त कर सकता है ?

सबसे पहले हमें यह समझ लेना जरूरी है कि संभवतः वीडियो, कंटेंट का सबसे ज्यादा पसंद किया जाने वाला रूप है। यूट्यूब वीडियो, फिल्में, पॉडकास्ट, ऑनलाइन कोर्सेज, स्टॉक वीडियो आदि आय के अच्छे स्रोत हैं। परन्तु हमें यह भी समझने की जरूरत है कि कंटेंट के अन्य रूप भी असमानुपाती या आय के अच्छे स्रोत हो सकते हैं।

नीचे मैंने वीडियो के अलावा कंटेंट के अन्य रूप दिए हैं जो असमानुपाती आय के अच्छे स्रोत है।

• ऑडियो – गाने, पॉडकास्ट, ऑडियोबुक्स

• टेक्स्ट – किताबें, ई-बुक्स, ब्लॉग्स, न्यूजलेटर, ऑनलाइन जर्नल्स,आर्टिकल्स, मैगजीन,ट्वीट्स।

- **ऐप्स** - मोबाइल एप्स, कंप्यूटर एप्स, वीडियो गेम्स
- **तस्वीरें** - स्टॉक फोटोज, वॉलपेपर,आइकंस, थीम्स, टेंपलेट्स, वेबसाइट्स के लिए डिजाइंस, ग्राफिक डिजाइंस, इत्यादि
- **अन्य-** ऑनलाइन कम्युनिटी, सोशल मीडिया पेज, ऑनलाइन वेबीनार, वीडियो गेम के वर्चुअल गुड्स इत्यादि।

और इन सभी तरह के कंटेंट को बेचने के लिए इंटरनेट पर कई सारे प्लेटफॉर्म्स उपलब्ध है। उदाहरण के तौर पर वीडियो के लिए यूट्यूब, इंस्टाग्राम, फेसबुक, संगीत के लिए स्पॉटिफाई, युट्युब म्यूजिक, एप्पल म्यूजिक, जियोसावन इत्यादि।

इसी तरह कंटेंट के अन्य रूपों को बेचने के लिए भी इंटरनेट पर अलग-अलग प्लेटफार्म उपलब्ध है आप उनके बारे में इंटरनेट से जानकारी प्राप्त कर सकते हैं।

चलिए अब मुख्य प्रश्नों पर आते हैं।

दर्शकों / श्रोताओं की संख्या कैसे बढ़ाएं ?

1. किसी समस्या का समाधान करे - आपके कंटेंट के माध्यम से आपके दर्शकों/ श्रोताओं कि किन्हीं समस्याओं का समाधान होना चाहिए। आपके कंटेंट के माध्यम से आपके दर्शकों/श्रोताओं को कुछ मदद मिलनी चाहिए। जब कोई लेखक एक किताब या आर्टिकल लिखना है तो उसका लक्ष्य होता है कि इस किताब या लक्ष्य के द्वारा मेरे पाठक को कुछ सीखने को मिलेगा अथवा उनका मनोरंजन होगा। यही बात एक संगीतकार या यूट्यूबर के लिए भी कहीं जा सकती है। अगर आपके कंटेंट से आपके श्रोताओं /दर्शकों /पाठकों

(Audience) को कोई फायदा नहीं हो रहा या उनका मनोरंजन नहीं हो रहा तो वह आपको क्यों सुनेंगे, देखेंगे या पढ़ेंगें।

आपका एक तर्क हो सकता है "मैंने बहुत ही घटिया किस्म के कंटेंट क्रिएटर को देखा है, ना तो वह कुछ सीखते हैं ना ही वह कुछ मनोरंजन करते हैं। लेकिन वे बहुत सारे पैसे कमा रहे हैं। वह तो किसी समस्या का हल करते जान नहीं पड़ते।"

आपकी बात कुछ हद तक सही है परंतु हमें यह समझने की जरूरत है, किसी न किसी तरह से यह लोग भी हमारी कुछ समस्याओं को हल करते है। चाहे उनके कंटेंट से हमें मनोरंजन नहीं होता हो परंतु मानसिक तौर पर मनुष्य को असल जिंदगी के दुखों से ध्यान भटकने के लिए कुछ ना कुछ चाहिए होता है और शायद यह घटिया किस्म के कंटेंट क्रिएटर हमें वही चीज उपलब्ध कराते हैं। तो एक तरह से कहीं ना कहीं वह भी किसी न किसी समस्या का तो समाधान कर ही रहे है।

2. <u>अपना क्षेत्र (Niche) चुने</u> : - अपने जुनून (Passion), कौशल (Skills) और बाजार की माँग के आधार पर एक क्षेत्र चुने जिससे संबंधित कंटेंट आप बनाना चाहते हैं। ऐसा करके आप उस क्षेत्र में रुचि रखने वाले सभी दर्शकों, श्रोताओं और पाठकों तक आसानी से पहुँच सकते हैं। और एक बार अगर आपके पास निष्ठावान (loyal) ऑडियंस जुड जाती है तो कमाई करना आसान हो जाता है।

कंटेंट की दुनिया में सबसे अच्छा होने के बजाय बाकियों से अलग होना ज्यादा मायने रखता है। अपना नीश चुनते समय यह ध्यान रखें कि ऐसा विषय चुने जो आपके कंटेंट को अलग बनाएं। जैसे कि आप दो अलग-अलग चीजों (उदा. तकनीक एवं मेडीटेशन) से मिलाकर अपना एक अलग ही कंटेंट बना सकते हैं।

3. अपने क्षेत्र के विशेषज्ञ बने - आज हमारे पास कंटेंट की अति हो गई है, ऐसे में एक सामान्य कंटेंट क्रिएटर के बजाय किसी फील्ड में विशेषज्ञ होने का लाभ मिल सकता है। अगर आप एक लेखक, संगीतकार, अथवा कलाकार इत्यादि है तो अपनी फील्ड का विशेषज्ञ होना काफी लाभदायक रहता है। आपने कई सारे वृद्ध यूट्यूबर एवं लेखक देखे होंगे जिनके काफी ज्यादा प्रशंसक है। यह वृद्ध लोग, वे लोग हैं जो अपने कौशल पर तब काम कर रहे थे जब शायद इनके पास इंटरनेट भी नहीं था। और शायद ही इन्हें अंदाजा था कि वे किसी दिन अंतरराष्ट्रीय यश प्राप्त कर लेंगे। परंतु इसके बावजूद वह अपने कौशल पर काम करते रहे और आज वे इसका फल प्राप्त कर रहे हैं। अतः कुशलता एवं विशेषज्ञता से काफी मदद मिलती है।

4. कोई नहीं देख रहा हो तो भी अपलोड करें - कंटेंट की दुनिया में जब आप कुछ नहीं होते हैं, तो तुरंत ही सफलता पाना काफी ज्यादा मुश्किल होता है। परंतु चाहे आपके व्यूज ना आए फिर भी अगर आप निरंतरता से अपना कंटेंट अपलोड करते रहते हैं और किसी दिन आपका एक वीडियो (अथवा कंटेंट किसी अन्य रूप में) वायरल हो जाता है तो जनता के पास देखने के लिए उसी के जैसा या उससे संबंधित और भी कंटेंट उपलब्ध होगा और अंततः आपके पुराने कंटेंट पर भी व्यूज आ जाएंगे।

5. व्यक्तिगत ब्रांडिंग - अपनी एक विशिष्ट आवाज एवं पहचान स्थापित करें। केवल फॉलोअर्स ही ना बढ़ाये बल्कि उनके साथ एक संबंध भी स्थापित करें।

कुछ अन्य सुझावः

1. निरंतरता बनाए रखें

2. Search Engine Optimisation (SEO) सीखें ताकि आपका कंटेंट आसानी से दशकों तक पहुँचाया जा सके ।

3. आप अन्य क्रिएटर्स के साथ मिलकर भी कंटेंट बना सकते हैं अगर यह आपके लिए फायदेमंद होता है तो ।

4. एक से अधिक प्लेटफार्म का इस्तेमाल करें । उदाहरण यूट्यूब के साथ इंस्टाग्राम,फेसबुक आदि

5. अपने कंटेंट को अन्य भाषाओं में भी अनुवाद कराएं ।

चलिए अब हम चर्चा करते हैं कि एक क्रिएटर के रूप में आप अधिक आय कैसे प्राप्त कर सकते हैं ?

1. एक से अधिक आय के माध्यम रखें: – एक प्लेटफार्म अथवा एक ही आय का माध्यम न रखें । उदाहरण के तौर पर अगर आप एक यूट्यूबर हैं तो विज्ञापन से प्राप्त होने वाली आय के साथ- साथ, affiliate marketing, sponsorship, merchandise, एवं अपने प्रोडक्ट एवं सर्विस सेल भी कर सकते हैं । उदाहरण - जैसे टेक बर्नर ने अपनी स्मार्ट वॉच लॉन्च करी ।

2. पूरक (Complementary) उत्पाद बनाएं :- उदाहरण के तौर पर अगर आप शिक्षा संबंधित वीडियो बनाते हैं तो आप उसके साथ ही ई बुक्स अथवा सशुल्क (Paid) कोर्स भी बेच सकते हैं ।

3. मेंबरशिप मॉडल शुरू करें :- यूट्यूब, Patreon जैसे प्लेटफॉर्म पर या अपनी खुद की वेबसाइट के माध्यम से मेंबरशिप मॉडल शुरू कर सकते है । यहाँ पर सिर्फ सदस्यों हेतु कंटेंट आदि दिया जा सकता है ।

मेंबरशिप के माध्यम से एक नियमित आय प्राप्त होती रहती है, जो दीर्घकालीन सफलता के लिए बहुत आवश्यक है ।

4. परामर्श एवं वेबीनार:- एक बार जब आप किसी विशेष क्षेत्र में विशेषज्ञ के रूप में स्वयं को स्थापित कर लेते हैं, तो आप व्यक्तिगत परामर्श या वेबिनार के माध्यम से भी आय प्राप्त कर सकते हैं।

5. स्केल:- एक व्यक्ति के रूप में दिन में आपका समय सीमित है, जैसे-जैसे आपके दर्शक/श्रोता/पाठक बढ़ते जाते हैं कंटेंट की माँग भी बढ़ जाती है, ऐसे में अपने साथ अन्य लोगों को जोड़ें तथा वे कार्य जिन्हें आप दूसरे से करा सकते हैं (उदा. सोशल मीडिया मैनेजमेंट, वीडियो एडिटिंग आदि) उन्हें सौंप दें।

सारांश

◆हमने अमीर बनने के लिए एक रास्ता ढूंढने की कोशिश करी।

◆उद्यम पथ में हमने चार चरणों को देखा।

◆वैज्ञानिक वाले चरण में एक उद्यमी को किसी समस्या का समाधान खोजना होता है।

◆संस्थापक वाले चरण में एक उद्यमी को ऐसे सिस्टम का निर्माण करना होता है, जहाँ उस समाधान को आम जनता के लिए बहुतायत में बनाया जा सके एवं बेचा जा सके।

◆सीईओ वाले चरण में एक उद्यमी को कंपनी चलानी भी होती है और उसका विस्तार करना होता है। कार्य को योग्य लोगों को सौंपना एवं नेतृत्व क्षमता यहाँ पर कुंजी होती है।

◆इसके बाद उद्यमी अपनी कुर्सी छोड़ने का निर्णय भी ले सकता है।

◆क्रिएटर वाले मार्ग में सही स्ट्रेटजी का इस्तेमाल करके अपनी ऑडियंस को और आय को बढ़ाया जा सकता है।

7

अमीर बनने के लिये शिक्षा

तरुण और सह संस्थापक स्वप्निल जैन को एथर एनर्जी के लिए आईडिया 2009 में आया जब वह आईआईटी मद्रास में छात्र थे। 2013 में उन्होंने अपनी कंपनी को रजिस्टर किया और भारत में पहला 'मेड इन इंडिया' इलेक्ट्रिक स्कूटर बनाने का लक्ष्य रखा। उन्होंने आईआईटी मद्रास इनक्यूबेशन सेंटर एवं अन्य निवेशकों से 65 लाख रुपए की सीट फंडिंग प्राप्त करी।

वर्ष 2015 में एथर एनर्जी ने सचिन बंसल और बिनी बंसल (फ्लिपकार्ट के सह-संस्थापक) से एक लाख डॉलर की फंडिंग प्राप्त करी। इस फंडिंग से स्कूटर बनाने की रफ्तार को एक बूस्ट दिया। और इस पैसे की मदद से वे एक कम रफ्तार वाला स्कूटर (s340) बना पाए। लेकिन यह स्कूटर एक संतोषजनक प्रोडक्ट नहीं था।और इसी वजह से उन्होंने एथर 450 लांच किया जो उस समय भारत का सबसे पावरफुल स्कूटर था। बाद में एथर ने 450x,450s, 450 अपेक्स और रिस्टा को लोंच किया।

वर्ष 2023 में एथर ने एक लाख से भी अधिक स्कूटर बेचे। अब वे विदेशों में भी अपने स्कूटर को निर्यात कर रहे है। जल्द ही आईपीओ भी लाने वाले है।

हम एलन मस्क और करसन भाई पटेल की भी चर्चा कर चुके हैं। एलन मस्क तो आज भी स्पेस एक्स के चीफ इंजीनियर है।

आप देखेंगे कि यह सब वे लोग हैं जो साधारण पृष्ठभूमि से आते हैं, परंतु इन लोगों ने विज्ञान और तकनीकी शिक्षा में दक्षता हासिल करी और कुछ चीजों का आविष्कार अथवा नवाचार किया और उन पर आधारित बिज़नेस को बनाया फिर अपने प्रोडक्ट को भारी मात्रा में आम जनता को बेचा।

परंतु अगर आज मैं आपसे पूछूँ की कितने प्रतिशत भारतीय अपने आप को एक आविष्कारक बनाने के लिए शिक्षा ग्रहण कर रहे हैं ?

और उनमें से भी कितने होंगे जो अपने आविष्कार पर आधारित बिजनेस बनाना चाह रहे होंगे ?

दुख की बात है कि जो लोग भी स्नातकोत्तर (Post Graduation) या पीएचडी कर रहे हैं, उनका मुख्य लक्ष्य रिसर्च करना नहीं बल्कि असिस्टेंट प्रोफेसर बनना है।

All India Survey on Higher Education (AISHE) 2021-22 के अनुसार भारत में प्रति वर्ष 24.16 लाख बीए के ग्रेजुएट निकलते हैं, आप मुझे बताइए कि वह कौन सा महान प्रोडक्ट बनाने में उनकी डिग्री मदद करती है ? उस डिग्री का अपना महत्व होता परंतु जहाँ तक आर्थिक लाभ की बात है इस प्रकार के कोर्सेज ने भारत की कोई विशेष मदद नहीं करी है।

बीए वालों को छोड़ भी दें तो हमारे कितने प्रतिशत इंजीनियर या

विज्ञान के विद्यार्थी कुछ नया आविष्कार या नवाचार कर रहे हैं ?

दुर्भाग्य से हमारी शिक्षा व्यवस्था अधिक मात्रा में आविष्कारकों (Inventors) एवं नवाचारकों (Innovators) को बनाने में असफल रही है।

मुझे लगता है समस्या वहाँ रह गई है कि कभी हमको समझाया नहीं गया कि अमीर बनने का रास्ता अनुसंधान (Research) से होकर जाता है।

वर्तमान शिक्षा प्रणाली लोगों को मजदूर बनाने में माहिर है। हममें से अधिकांश लोग अच्छी तनख्वाह वाली नौकरी पाने में रुचि रखते हैं। मूलतः हम महँगे मजदूर बनना चाहते हैं। हम सभी कठिन कोर्स करेंगे ताकि हमें ऊँचा पैकेज मिल सके। आश्चर्य की बात यह है कि इन उच्च पैकेजों का मीडिया के द्वारा भी खुब जश्न मनाया जाता है।

इसलिए धन सृजन के लिए मैं ऐसी शिक्षा की परिकल्पना करता हूँ, जो लोगों को आविष्कारक और नवाचारक बनाने पर केंद्रित हो। एक ऐसी शिक्षा जो लोगों को समस्या का समाधानकर्ता (Problem Solver) बनाती हो। ऐसे लोग जो किसी समस्या को उठाते हैं, उसका कोई उम्दा समाधान निकालते हैं, प्रोडक्ट या सर्विस बनाते और इतना ही नहीं, उस प्रोडक्ट या सर्विस को बेचकर अन्य लोगों की समस्या भी हल करते है, और पैसा भी कमाते है। सबसे अच्छी स्थिति तो यह होगी कि उन उत्पाद और सेवाओं को विदेशों में भी निर्यात किया जाए।

कॉलेजो द्वारा इंजीनियरिंग के छात्रों को यह उद्देश्य अच्छी तरह से बता दिया जाना चाहिए कि आप यहाँ समस्या सुलझाने की क्षमताओं (Problem solving abilities) को सीखने के लिए आए हैं। आप अत्याधुनिक तकनीक सीखने के लिए यहाँ हैं जिसका उपयोग आपको नए आविष्कारक उत्पाद और सेवाएं बनाने में करना हैं जो जीवन को आसान बनाती हैं, और अंततः समृद्धि लाती हो।

अनुसंधान एवं विकास (Research & Development) (R&D) हमेशा से ही धन संपदा की खदान रही है। और इसीलिए शिक्षा, विशेषकर उच्च शिक्षा, व्यावसायिक शिक्षा को अपना लक्ष्य श्रमिक निर्माण से बदलकर आविष्कारक निर्माण बनाना होगा।

और यहाँ मैं शिक्षा प्रणाली का आलोचक की तरह नहीं लगना चाहता । और यदि आप भी समाधान पर ध्यान देने वाले लोगों में से एक हैं, तो मैं आपसे भी अनुरोध करूँगा कि आप भी सिस्टम की आलोचना में शामिल न हों। पूरी व्यवस्था को ठीक करना सरकार का काम है और वे इसे अपनी चाल से ठीक करेंगे।

हम अपने स्तर पर की जा सकने वाली चीजों पर ध्यान केंद्रित कर सकते हैं।

अपने आप से पूछे - मैं अपने आप को उद्यमी बनाने के लिए शिक्षित कैसे कर सकता हूँ ?
मुझे कौन से स्कील सीखने की आवश्यकता है ? किसी समस्या को हल करने के लिए या किसी विशेष क्षेत्र, टेक्नोलॉजी के बारे में

विशेषज्ञता हासिल करने या ज्ञान प्राप्त करने के लिए मुझे कौन सी पढ़ाई करने की आवश्यकता है ?

एक बार अगर आप समस्या को चुन ले और उसका समाधान ढूँढने लग जाए, हो सकता हो उस समय उस समस्या का समाधान उपलब्ध ना भी हो । परन्तु अगर आप और रिसर्च करें तो आपको उसका समाधान मिल जाएगा । हो सकता है उस समस्या का हल निकालने के लिए नयी स्किल सिखनी पड जाए, परंतु ऐसा करने से निश्चित ही आपको समस्या का हल मिल जाएगा ।

यहाँ मैंने एक उदाहरण से समझाया है कि किस प्रकार एक समस्या को उठाकर उसका समाधान निकालते हुए आप अपने लिये शिक्षा का चयन कर सकते हैं ।

भारत में शक्कर से बनी टॉफी/ चॉकलेट काफी मात्रा में खाई जाती है । इन मे से अधिकतम बच्चों द्वारा खाई जाती है । जो उनके स्वास्थ्य पर बुरा प्रभाव डालती है ।
यह तो हो गई समस्या । ऐसे में हम चाहेंगे कि बच्चों को खिलाने के लिए हमारे पास हेल्दी टॉफी/ चॉकलेट भी हो । परंतु आप देखेंगे कि यह हेल्दी टॉफिया, या तो बहुत महंगी है या आसानी से उपलब्ध नहीं है ।
यह बहुत बड़ा मार्केट है, जहाँ पर आप निश्चित रूप से धंधा बना सकते है । परंतु हम में से अधिकतम लोग नहीं जानते होंगे कि एक टॉफी/ चॉकलेट कैसे बनाई जाती है, तो अगला स्टेप होगा यही जानना की टॉफी कैसे बनाई जाती है ?

अगर यह जानकारी इंटरनेट पर मिल जाती है तो बहुत ही अच्छा है। परंतु अगर ना मिल पाए तो ऐसे में आपको खाद्य विज्ञान एवं इंजीनियरिंग (Food Sciences and Engineering) को पढ़ना पड़ सकता है।

कई बार ऑनलाइन कोर्सेज से काम चल जाता है कई बार आपको यूनिवर्सिटी जाने की जरूरत पड़ती है।

ठीक इसी प्रकार से अलग-अलग समस्याओं को हल करने के लिए आपको रोबोटिक, कंप्यूटर प्रोग्रामिंग, इलेक्ट्रिकल इंजीनियरिंग, अर्थशास्त्र, आर्टिफिशियल इंटेलिजेंस आदि की पढ़ाई करना पड़ सकती है।

जब आप एक प्रोडक्ट को बनाना सीख जाए, जो किसी समस्या को हल करें, ऐसे प्रोडक्ट या सर्विस को आप बेचकर धन कमा सकते हैं।

तो इस तरह आप अपने लिए शिक्षा का रास्ता चुन सकते हैं एवं निर्णय ले सकते हैं कि आपको कॉलेज में कौन से कोर्सेस करने चाहिए। हो सकता है कॉलेज समाप्त होने के बाद भी आपको इस तरह से पढ़ाई करना पड़े।

अगर आपको ऐसे किसी ज्ञान की आवश्यकता पड़ती है जो वर्तमान में भारत में नहीं पढ़ाया जा रहा हो तो हो सकता है आपको विदेश भी जाना पड़ जाए।

अमीर बनने के लिये शिक्षा - आविष्कार एवं नवाचार के लिए शिक्षा

शिक्षा का यह नया लक्ष्य इंजीनियरों को एवं इंजीनियरिंग के प्रति नया दृष्टिकोण देता है। किसी MNC में एक वेतनभोगी कर्मचारी बनने के बजाय अगर हमारे थोड़े और इंजीनियर्स, आविष्कारक एवं नवाचारक बनने पर ध्यान लगाए एवं कुछ नए प्रोडक्ट और कंपनियाँ बनाए तो हम काफी धन अर्जित कर सकते हैं। हमारी जीडीपी को और अधिक तेजी से बढ़ा सकते हैं एवं नए रोजगार उत्पन्न कर सकते हैं।

ग्रेजुएशन के अंत तक हमारा लक्ष्य होना चाहिए कि कोई समस्या दिखने पर हम उसका समाधान बना सके।

हमारी शिक्षा व्यवस्था उच्च शिक्षा को अलग-अलग धाराओं में बाँट देती है। आप या तो फिजिक्स, गणित, और इंजिनियरिंग की पढ़ाई कर सकते हो या इकोनॉमिक्स और बिजनेस स्टडिस की पढ़ाई कर सकते हैं। इस तरह बँटवारे के पीछे तर्क यह रहा होगा कि एक अकेला व्यक्ति सभी विषय नहीं पढ़ सकता। जो की सच भी है। परन्तु इस पद्धति का परिणाम यह होता है कि ऐसी शिक्षा व्यवस्था से शिक्षित व्यक्ति एक अच्छा मजदूर तो बन सकता है, क्यों कि मजदूर बनने के लिये एक क्षेत्र की विशेषज्ञता काफी होती है। परन्तु एक उद्यमी बनने हेतु आपको विज्ञान और तकनीक के अलावा मैनेजमेंट, मार्केटिंग, सेल्स, ऑपरेशन्स, फाइनेंस आदि के ज्ञान की भी आवश्यकता होती है।

यह कुछ ऐसी स्थिति है कि आपको एक अच्छा उद्यमी बनने हेतु चार मजबूत पाँवों की जरूरत पड़ती है तो हमारी शिक्षा व्यवस्था सिर्फ एक पैर ही मजबूत करती है, एवं बाकी तीन को कमजोर छोड़ देती है।

इसलिये एक उद्यमी बनने के लिए अपनी मुख्य डिग्री के अलावा समय निकालकर मैनेजमेंट, मार्केटिंग, सेल्स, ऑपरेशन्स, फाइनेंस, इकोनॉमिक्स, विज्ञान एवं तकनीक के क्षेत्र में हो रही रिसर्च आदि का भी अध्ययन करते रहे। नयी शिक्षा प्रणाली में जरूर कुछ बदलाव कर के कुछ फ्लैक्सिबिलिटी लायी गयी है, परन्तु फिर भी अगर नहीं पढ़ाया जाये तो स्वयं ही कोर्स खरीदे,स्वाध्याय करे।

अगर आप मार्वल फैन है और मैं आपसे पूछूँ की आयरन मैन मूवी में टोनी स्टार्क की सुपर पावर क्या है ?
तो आप पाएंगे कि उसके पास कोई आलोकिक शक्ति नहीं है।
उसकी सुपर पावर यही है कि वह अफगानिस्तान की किसी गुफा में आयरनमैन के सूट को बना सकता है।

एक आविष्कारक / नवाचारक होना एक सुपर पावर है, कम से कम यह आपको एक अमीर इंसान तो बना ही सकती है।

स्टॉक मार्केट

आजकल हम देख रहे हैं कि कॉलेज के युवाओं में स्टॉक मार्केट को सीखने का, स्टॉक मार्केट में पैसे निवेश करने का काफी चलन चल रहा है। अगर लोग निवेश करना सीख रहे हैं और निवेश कर रहे हैं तो अच्छी बात है।

परंतु यहाँ पर भी एक छोटी सी गणित करते हैं।
क्योंकि विद्यार्थी जीवन के दौरान बहुत अधिक पैसे तो होते नहीं है, तो अधिकतम स्टूडेंट दो-पाँच हजार का ही निवेश करते है, और दिनभर

मार्केट की उठा-पटक देखते रहते हैं।

मान लेते हैं आपने बहुत अच्छी रणनीति बनाई और आप 50-100% का रिटर्न भी प्राप्त कर लेते हैं, तो भी आप अधिकतम दो-पाँच हजार ही कमाएंगे।

हमें यहाँ एक चीज समझने की जरूरत है कि पूँजी (कैपिटल) ही एक मात्र चीज नहीं होती है जिसका हम निवेश कर रहे होते हैं। हम अपने समय और शरीर का भी निवेश कर रहे होते हैं।

क्योंकि ऊपर बताए हुए केस में कैपिटल (पूँजी) बहुत छोटी है इस वजह से बहुत अच्छा परसेंटेज रिटर्न प्राप्त करने के बाद भी पूर्ण रूप से (In Absolute Terms) जो लाभ हुआ है वह दो-पाँच हजार का ही है।

वहीं दूसरी ओर कोई एक स्टूडेंट मोबाइल एप डेवलपमेंट सीखने के लिए ₹300-₹500 का कोर्स खरीदता है। वह अपना समय मोबाइल एप डेवलपमेंट सीखने पर निवेश करता है।और 6 महीने-साल भर में मोबाइल एप डेवलपमेंट सीख लेता है, और इस वजह से उसका 8-10 लाख का पैकेज लग जाता है। (कोई बिजनेस की बात हम अभी नहीं कर रहे हैं)

अगर आप उन 300-500 रुपये का चक्रवृद्धि ब्याज (Compound Interest) के बजाय साधारण ब्याज (Simple Interest) से भी रिटर्न का हिसाब लगायेंगे तो पायेंगे 20,000% का रिटर्न है।

इतना अधिक प्रतिशत रिटर्न का कारण यह है कि यह ₹500 अकेले निवेश नहीं किए गए थे उनके साथ समय का भी निवेश किया गया

था, और समय का निवेश सही जगह किया गया था।

अब यह व्यक्ति जॉब लगने के बाद अपनी सेविंग से 10-20 लाख अगर स्टॉक मार्केट में निवेश करता है और उसे 10-12% का ही लाभ होता है तो भी absolute terms में वह 1-2 लाख कमा रहा होगा। जो कि दो-पाँच हजार के लाभ से कहीं ज्यादा है। इसलिये हमें यह भी समझने की जरूरत है कि अधिक रिटर्न प्राप्त करने के लिये हम अपने समय का सही जगह निवेश करे।

सारांश

✦ कई सारे लोग जो साधारण पृष्ठभूमि से आते थे उन्होंने विज्ञान, तकनीकी एवं इंजीनियरिंग में दक्षता हासिल करी और कुछ आविष्कार अथवा नवाचार किया और उसे बहुतायत में बेचा वह अंततः अमीर बन गए।

✦ हमारी शिक्षा प्रणाली में ऐसे बदलाव करने की आवश्यकता है जिससे Problem Solvers (समस्या समाधानकर्ताओं) का निर्माण हो सके। ऐसे लोग जो केवल श्रमिक बनने के बजाय नवाचार और आविष्कार करते हो।

✦ व्यक्तिगत स्तर पर अपनी शिक्षा को कुछ इस तरह से डिजाइन करें जिससे आप एक उद्यमी बनने के लिए जरुरी स्किल्स को सीख सकें।

✦ हमारा उद्यमी बनने में रुचि रखते हैं तो विज्ञान, तकनीक एवं इंजीनियरिंग के साथ-साथ मैनेजमेंट,मार्केटिंग एंड सेल्स, ऑपरेशन्स, फाइनेंस आदि भी सिखे।

8

भारत अमीर कैसे बनेगा ?

इस पाठ में हम पाँच देशों की बात करेंगे । जापान, अमेरिका, इजरायल, चीन और भारत ।

पूरी किताब में मैंने आविष्कारों एवं नवाचारों के बारे में काफी बात करी है यहाँ हम थोड़ी और बात करेंगे ।

चलिए **जापान** की कहानी के साथ शुरुआत करते हैं ।
दूसरे विश्व युद्ध में परमाणु बम झेलने के बाद मिली हार और कई बार भूकंप एवं सुनामी झेलने के बावजूद जापान अन्य एशियाई देशों के लिए हमेशा से ही एक लाइट हाउस की तरह रहा है । जापान उदाहरण है कि एशिया में भी देश अमीर हो सकते हैं ।
इलेक्ट्रॉनिक्स, ऑटोमोबाइल और दुनिया भर के तकनीकी प्रोडक्ट जापान ने बनाकर निर्यात किए हैं, ये प्रोडक्ट जापान में काफी धनसंपदा लाते हैं ।

इजरायल :- इतने छोटे से देश में भला आप क्या ही बना सकते हैं ? उत्तर है टेक्नोलॉजिकल प्रोडक्ट्स ।
अपने आसपास शत्रुपूर्ण पड़ोसी होने के बावजूद इसराइल आज भी वहाँ डटा हुआ है, जिसका मुख्य कारण है उनकी टेक्नोलॉजी ।

एक तरफ यही टेक्नोलॉजी उनकी रक्षा करने में मदद करती है वहीं उनके देश का एक मुख्य निर्यात भी है । और जैसा कि हमने पहले बात करी टेक्नोलॉजी उत्पादों में मार्जिन ज्यादा होता है और तो यह निर्यात उनके लिए काफी धन संपदा भी लाते हैं ।

USA :- अमेरिका हमेशा से ही आविष्कारों एवं नवाचारों में सबसे आगे रहा है । अगर किसी देश ने विज्ञान एवं तकनीकी के महत्व को पूरी तरह से समझा एवं उसका पूरा उपयोग किया है तो वह अमेरिका ही है । और इसी वजह से भारत और चीन की 20% आबादी होने के बावजूद आज भी दुनिया की सबसे बड़ी अर्थव्यवस्था है । अमेरिका के इंजीनियरिंग कॉलेज, चाहे वह MIT हो या स्टैनफोर्ड या फिर उनकी सिलिकॉन वैली, हमेशा से ही तकनीकी एवं नवाचार में सबसे अग्रणी रहे हैं । अमेरिका की चार बड़ी टेक्नोलॉजी कंपनियाँ (गूगल (अल्फाबेट), एप्पल, अमेजॉन और मेटा) की मार्केट केपीटलाइजेशन निफ्टी 50 की 50 कंपनियों की मार्केट केपीटलाइजेशन की लगभग 6 गुना है ।

चीन :- दुनिया की फैक्ट्री । हम सभी जानते हैं चीन कैसे दुनिया के लिए विनिर्माण (Manufacturing) का केंद्र बना । लेकिन मैं यहाँ चीन की विकास गाथा के दूसरे हिस्से की बात करना चाहूँगा । कोई एक तारीख तो नहीं बताई जा सकती, परंतु किसी दिन चीन वालों को समझ में आ गया कि इन पश्चिमी देशों के लिए चीजें बनाने में उन्हें एक छोटा हिस्सा ही मिल रहा है बल्कि यह पश्चिमी कंपनियाँ काफी ज्यादा मुनाफा कमा रही है । और इसलिए सीधी उंगली या टेढ़ी उंगली से अर्थात या तो अपने यहाँ नवाचार करके या फिर किसी विदेशी

वस्तुओं की नकल करके उन्होंने अपने देश में कंपनियाँ बनाई और अपने प्रोडक्ट बनाए। खासकर इलेक्ट्रॉनिक्स के क्षेत्र में। स्मार्टफोन से लेकर टीवी, लैपटॉप, कंप्यूटर आदि। शाओमी, ओप्पो, वीवो, लेनेवो, हुआवे आदि ब्रांड्स जो हमें दिख रहे हैं वे इसी नए बदलाव का नतीजा है।

पिछले कुछ वर्षों में चीन ने अमेरीका से ज्यादा पेटेंट फाइल किये है। World Intellectual Property Organisation (WIPO) के अनुसार 2019 में चीन में लगभग 14 लाख पेटेंट फाईल किये, जो की पूरी दुनिया के 43.4% है एवं अमेरीका के पेटेंट संख्या का दोगुना है। CSIS
AI के क्षेत्र में तो चीन का दबदबा तो और भी तगड़ा है। वर्ष 2014 से 2023 तक चीन ने 38000 पेटेंट फाइल किये, अमेरीका के 6 गुना | Reuters

आखरी में कहानी **भारत** की

हम भाग्यशाली हैं कि हमने कंप्यूटर क्रांति का लाभ लिया और आज सॉफ्टवेयर हमारे प्रमुख निर्यातों में से एक हैं। उसके अलावा हमारे अन्य निर्यात रिफाइन्ड पेट्रोलियम, मिनरल फ्युल, मशीनरी एवं मेकेनिकल एपलाइन्सेस, इलेक्ट्रीकल मशीनरी, ओर्गेनिक केमिकल, दवाइयाँ, लोहा एवं स्टील, चावल, गेहूँ, कपड़ें आदि है।

इनमें से कई निर्यात ऐसे है जिन्हें बनाने के लिए टेक्नोलोजी की आवश्यकता होती है, परन्तु हमे अभी और भी ज्यादा टेक्नोलोजी

इन्टेन्सीव वस्तुओं का निर्माण करना होगा। तभी हम अधिक मार्जिन कमा पाएंगे एवं धन संपदा भारत की तरफ आएगी।

आज भी हमारे आयातों की राशि हमारे निर्यातों से ज्यादा है। अगर आप वस्तु विनिमय (Barter) के आधार पर सोचें तो आप पाएंगे हमें 2.5 क्विंटल (2500 किलो) से भी ज्यादा गेहूं देने पड़ते हैं एक आईफोन 16 खरीदने के लिए।

(*₹25/kg गेहूं & ₹70000 एक आईफोन16 के लिए)

सारी गणित अगर आप करेंगे तो पाएंगे 2500 किलो गेहूं उगाने के लिए कितनी जमीन, कितना निवेश एवं मेहनत लगती है, वहीं दूसरी ओर आईफोन 16 मात्र 170 ग्राम का है एवं अल्युमिनियम, लिथियम,सिलिकॉन आदि पदार्थों से बना है परंतु इसकी इतनी अधिक कीमत का कारण है कि इसे बनाने के लिए जो तकनीक लगी है जो इन सभी धातुओं को एक साथ लाती है। इसके अलावा कुछ मार्केटिंग एवं ब्रांडिंग।

मैं एक और उदाहरण देता हूँ, यह किताब लिखते समय चाँदी का भाव ₹96000 प्रति किलो है।
यानी की ₹9600 में आप 100 ग्राम चांदी खरीद सकते हैं। और इसी वक्त सैमसंग इयरबड्स 2 प्रो की कीमत भी ₹9999 है।
एक तरफ 100 ग्राम चाँदी है, दूसरी तरफ सैमसंग इयरबड्स, जिनका वजन है 6 ग्राम और इसमें प्लास्टिक भी है।

मैं इससे और ज्यादा तकनीक, आविष्कार एवं नवाचार पर जोर नहीं दे

सकता।

अमेरिका ने 2014-2024 के बीच $2.34 टिलियन डॉलर स्टार्टअप में निवेश किये। वहीं चीन ने $835 बिलियन डॉलर निवेश किये। वहीं भारत ने $150 बिलियन ही निवेश किये।

भारत में हम हमारे जुगाड़ तकनीक पर काफी गर्व करते हैं। मेरी नजर में जुगाड़ नवाचार का दुश्मन है। जुगाड़ कुछ और नहीं बल्कि खराब इंजीनियरिंग और बेकार प्रोडक्ट डिजाइन है।
दुख की बात है जुगाड़ को हमारे मीडिया में काफी प्रशंसा मिलती है। और हमारे विश्वविद्यालयों में शोध कर रहे विद्यार्थी कुछ अच्छा बना भी ले तो भी कोई उन्हें पूछने वाला नहीं होता। (अपवाद - द *हिंदू*) प्रोडक्ट्स का निर्माण एक स्किल है, और इसे इंजीनियरिंग की पढ़ाई से सिखा जाता है, सिर्फ जुगाड़ु होने से बात बनने वाली नहीं है।

हमारा मीडिया इन जुगाड़ों का कितना ही महिमा मंडन कर ले, लेकिन इन जुगाड़ों को अंतरराष्ट्रीय बाजारों में नहीं बेचा जा सकता। अगर भारत को सही मायनों में अमीर बनना है तो हमें भी शोध एवं अनुसंधान करके विश्व स्तरीय सुंदर एवं मजबूत टिकाऊ प्रोडक्ट बनाने होंगे जो वैश्विक बाजारों में प्रतिस्पर्धा कर सकें। ऐसे प्रोडक्ट जिनके द्वारा ज्यादा मार्जिन प्राप्त किया जा सके।

नयी तकनीक जैसे आर्टिफिशियल इंटेलिजेंस, बायोटेक्नोलॉजी, 5G, 6G इंटरनेट ऑफ थिंग्स, क्वांटम कंप्यूटर, रोबोटिक आदि हमारे सामने अवसर उपलब्ध कराते हैं जिनके माध्यम से हम विश्व स्तरीय प्रोडक्ट

बना सकते हैं एवं आसानी और जल्दी से स्केल भी कर सकते हैं ।

यहाँ मैं वडोदरा स्थित कंपनी Mecha system की बात करना चाहूँगा, जिन्होंने स्मार्टफोन के ही आकार का Linux computer बनाया है, जिसे काफी पसन्द किया जा रहा है । हमें ऐसे प्रोडक्ट बनाने चाहिये ।

भारत ने यह कर दिखाया है कि हम कम पैसों में अच्छी चीजें बना सकते हैं, दुनिया का एक बड़ा हिस्सा है जहाँ हमारे ऐसे उत्पादों की आवश्यकता है । अमीर बनने के लिए और कोई विकल्प हमारे पास है नहीं । हमें दुनिया को हमारे उत्पाद बेचने ही होंगे खासकर पश्चिमी देशों को ।
व्यापार घाटे से व्यापार लाभ में अगर हमें हमारे देश को लाना है तो भारत को नवाचार का केंद्र बनाना ही होगा । सरकार तो अपनी कोशिश कर ही रही है परन्तु इस देश के युवाओं को भी सरकारी नौकरी की चाह छोड़कर शोध की तरफ अपनी रुचि लेने की जरूरत है । हमें हमारी नई पीढ़ी को आविष्कारक एवं नवाचारक बनाने पर ध्यान केंद्रित करना होगा ।

भारत में कई युवा विश्व का इतिहास,भूगोल, संविधान आदि पढ़ने में अपना समय लगाते हैं, जो की ठीक है । परंतु अगर इसका छोटा सा हिस्सा भी यूरोपीय एवं अन्य पश्चिमी देशों के बाजारों के अध्ययन में रुचि लेने लगे और यह सोचने लगे कि इन बाजारों में जिन वस्तुओं की माँग है, वह हम भारत के लोग कैसे बनाकर निर्यात कर सकते हैं ; तो निश्चित ही धन संपदा पुनः भारत की ओर आने लगेगी ।

सारांश

✦टेक्नोलॉजी एवं नवाचार जापान, इसराइल एवं अमेरिका में धन और समृद्धि के प्रमुख कारण रहे हैं ।

✦चीन ने अपने आप को मैन्युफैक्चरिंग हब के साथ-साथ नवाचार में भी अग्रसर किया है । उन्होंने अपने यहाँ पर ब्रांड विकसित किए एवं R&D में भी निवेश किया और आज पेटेंट फाइलिंग में सबसे आगे है।

✦भारतः- 1 . हाईटेक हाई मार्जिन प्रोडक्ट AI, Electronics आदि में बनाने पर जोर देना होगा ।

2.विश्व स्तरीय प्रोडक्ट को बनाने के लिए R&D में निवेश को बढ़ाना होगा

3 .विश्व स्तरीय ब्रांड बनाने होंगे ।

संदेश

अगर आपको किताब पसंद आई हो तो कृपया ऑनलाइन रिव्यु लिखने के लिए कुछ समय निकालें और अपने दोस्तों और परिवार वालो को भी पढ़ाये ।

धन्यवाद 🙏

लेखक के बारे में

कार्तिक वर्तमान में IIT-JEE और NEET के लिए भौतिकी पढ़ाते हैं। उन्होंने NIT भोपाल से इलेक्ट्रॉनिक्स और कम्युनिकेशन इंजीनियरिंग में बी.टेक. की डिग्री प्राप्त की है। अपने शिक्षण करियर के साथ-साथ, कार्तिक को टेक्नोलॉजी और वैश्विक आर्थिक रुझानों में गहरी रुचि है।

कार्तिक देवनागरी सुलेख (कैलीग्राफी) में कुशल हैं, जो उनके रचनात्मक पक्ष और पारंपरिक कला के प्रति प्रेम को दर्शाता है। उन्हें जॉगिंग और साइकिल चलाने के माध्यम से फिट रहना पसंद है और किताबें पढ़ने में उन्हें विशेष रूचि है।

वे वर्तमान में सूरत में रहते हैं, आप उनसे X के माध्यम से @kartikrathore25 पर जुड़ सकते हैं।

www.ingramcontent.com/pod-product-compliance
Lightning Source LLC
Chambersburg PA
CBHW061429160726
47995CB00003B/810